JN418287

학원에 갇힌 아이가 세계를 알까요?

학원에 갇힌 아이가 세계를 알까요?

초판 1쇄 인쇄 2007년 9월 6일
초판 1쇄 발행 2007년 9월 16일

지 은 이 장명숙
펴 낸 이 손형국
펴 낸 곳 (주)에세이
출판등록 2004. 12. 1(제395-2004-00099호)

주 소 412-791 경기도 고양시 덕양구 화전동 200-1 한국항공대학교 중소벤처육성지원센터 409호
홈페이지 www.essay.co.kr
전화번호 (02)3159-9638~40
팩 스 (02)3159-9637

ISBN 978-89-6023-138-2 03810

학원에 갇힌 아이가 세계를 알까요?

장명숙

머리말

그리운 엄마!

엄마가 예순 나이에 접어들던 때 했던 말이 생각나요. “내 나이가 예순이 된 건 아무렇지 않은 데 내 딸이 마흔이 되는 게 더 가슴 아프구나.” 이제 엄마의 그 아무렇지 않았다던 예순을 향해가는 딸은, 못나게도 세월의 무게가 그저 아무렇지도 않진 않아서 부끄럽게도 감히 책이라는 걸 내려고 이렇게 서문을 쓰고 있어요.

그러면서 “삼베 치마를 입고 다녀도 자식들만 잘 커 준다면 세상 부러울 게 없다”고 하시던 엄마의 음성을 지우지 못해서 애를 태우고 있네요. 세월이 가면 잊혀 질 줄 알았는데 왜 갈수록 더욱 간절해지는지……. 엄마의 6남매에게 엄마의 모든 걸 그저 퍼주시기만 하시다가 이제 우리가 효도로 채워드리려 했더니 그게 욕심이었나 봐요. 여행 한 번 같이 못 해보고 황망히 가신 엄마께 여기 남은 딸이 그저 마음속으로 엄마한테 떨고 싶었던 수다를 이렇게 책으로 묶는구나 생각해 주세요.

엄마, 우선 지상에 남은 우리들의 안부부터 전할게요. 어디서

든 자식들이 늘 당당하게 설 수 있게 만들어 준 아버지가 엄마 눈 나빠서 잘 못 다니실까 봐 엄마 산소 앞에 석등 만드신 거 알지? 정말로 많이 외로워 하시면서도 내색 한 번 하지 않고 엄마가 하던 것과 똑같이 아직도 다 자란 자식들을 위해서 염려하시고 계셔요. 얼마나 미안한지?

그리고 아버지와 엄마가 늘 든든하게 생각했던 맏사위는 엄마 딸이 방학만 되면 한 달씩 집을 비워도 묵묵히 가정을 지키는, 한국에서 하나 밖에 없는 남편이래요. 엄마 큰딸의 세 손자손녀들(수경, 소영, 동윤), 내가 방목하며 키운다고 주위에서 비난이 대단했는데 엄마 큰딸보다 훨씬 잘 컸어요. 또, 현숙, 혜숙, 원석, 희숙, 원영이 예쁘고 멋진 내 동생들도 모두 세상 바르게 살아가려 최선을 다하고 있고요. 게다가 제부들은 얼마나 애처가인지 엄마도 알고 계시지요? 올케들은 또 아버지께 어찌 그리 잘하는지요.

세월이 이렇게 흘러버리기 이전에 우리 식구 여덟 명이 살 때,

한 달에 쌀을 한 가마니씩 먹는다고 웃곤 했었지요? 내 친구에, 동생들 친구에, 이모, 고모, 삼촌 그리고 먼 친척들까지. 결혼하고 나서 아이들 키우면서 우리 쌀 축냈던 친구들이 모이기만 하면 엄마한테 너무 미안하고 고마워한 거 알고 있지요? 그 때 그렇게 친구들이 들락날락해도 엄마는 힘든 내색 한 번 없이 "밥이라도 먹을 수 있으니까 사람들이 오는 거란다" 하셨잖아요. 사람이 사는 집에 사람이 오지 않으면 어떻게 하느냐고, 어느 누가 와도 밥을 꼭 해서 먹여 보냈던 엄마였죠. 그 덕분에 일 년 중 우리 식구끼리만 밥 먹는 때는 거의 손꼽을 정도였어 그렇지?

그 친구들, 다들 변치 않고 서로 걱정하고 도우면서 잘 살아가고 있어요(윤표, 순영, 혜숙, 영애, 정숙, 남희). 늘 내 삶의 든든한 지지자가 되어 준 초등학교 친구들은 엄마가 더 잘 알고 있지? 그리고 이 책을 쓰라고 격려 해 준 친구 주옥, 원고 들고 우왕좌왕할 때 교정 도와 준 춘헌, 또 교회 친구들, 동윤이 초등학교 때부터 같이 모임해서 오늘까지 온 친구들, 학교에서 만난 좋은 선생님들과 내 외국인 친구들 Malcolm, Suemi, Tammy, James. 모두 엄마가 베푼 은혜를 내가 받고 있다고 생각하며 늘 감사하게 살고 있어요.

이 부족한 원고를 어찌하지 못하고 계속 망설이던 중에 ㈜에세이 손형국 사장님이 전화를 해서 잘 썼다며 책을 내보자고 했을 때의 그 때의 감정을 엄마한테 전하고 싶은 데 어떤 글자를 골라야 그게 표현될 수 있는 건지 알 수가 없네.

그리운 엄마! 지금 투정 부리는 내 모습 보이지요? 부끄러운 책이라도 엄마께 보인다 하니까 덜 부끄러워. 그리고, 그리고, 엄마. 살아생전에 사랑한단 말 한 번도 못했는데(그 땐 그렇게 말하는 게 참 쑥스러웠어) 엄마 사랑해요, 너무 보고 싶어.

2007. 9. 1

프롤로그

J 에게

너의 이니셜을 쓰고 보니 흘러간 어느 가요의 제목 같아서 다른 이니셜로 바꿔볼까 생각했지만 그렇게 하면 네가 아닌, 임의로 정한 가짜 이름 앞으로 보내는 편지가 될 것 같아 그냥 두기로 했어. 그러고 보니 친구에게 이렇게 편지를 썼던 일이 언제인지 아득하게 느껴진다. 감상에 젖자는 건 아니고.

너와 만난 지 거의 20년이 다 되어가는구나. 교사 발령 받고 6년째 되던 해, 나는 결혼을 하면서 사표를 냈어. 나중에 복직을 했지만 그때는 가사 일 하며 아이들 셋 키우고, 막내가 젖 뗄 무렵부터는 애 끌고 이것저것 배우러 다니고, 그래도 딱히 이거다 싶은 게 없었던 어느 날이었어. 우연히 한국인 영어학원의 문을 두드렸는데 읽고 해석만 하는 수업이라 이런 건 나 혼자 자습서 보고도 할 수 있겠다 싶었지. 그래서 겁 없이 외국인 수업에 문을 두드렸는데, 내가 유일하게 알아듣고 대답할 수 있는 말은 "What' s your name?" 뿐이었어.

이방인이 된 기분으로 멀뚱히 앉아있던 그때, 다른 사람들은 영어로 다윈의 이론을 논하고 있었어. 그중 하나가 너였지. 참 예쁜 아줌마구나, 생각하면서 너를 주시했는데 어쩌면 영어를 그렇게 잘하던지. 영어를 모국어처럼 능숙하게 하는 너를 보면서 얼마나 충격을 받았는지?

비슷한 또래인 것 같은데 그동안 나는 뭘 했나 싶어서. 그 충격에서 벗어나고 싶어서 그렇게 열심히 책을 움켜잡고 있었나봐. 그렇게 너와 만나 함께 영어 공부를 시작한 것이 벌써 햇수로 20년이 되었구나. 그래도 아직 영어의 길은 멀기만 한데, 한 달 어학연수만 다녀오면 어느 정도 영어를 한다고 생각하는 사람들도 있으니.

예쁜 말, 좋은 말만 하는 너를 만나는 날이면 아직도 인생에서 배울 게 많구나, 오늘도 이 친구에게 많이 배웠구나 하는 생각에 얼마나 뿌듯했는지 몰라. 생각해 보면 우린 얼마나 다른 환경에서 자랐니.

강원도 시골에서 명절이 아니면 쌀밥 한 번 못 먹었던 나는, 초등학교 3학년 때까지 세계라곤 우리 시골이 전부인 줄 알았어. 결혼을 하고 이 거대한 도시에 왔을 때는 시장을 가면서도 길을 잃을까봐 거리에 무수한 간판을 외우며 다녔지.

네가 이름 있는 부잣집 딸이라는 걸 알게 된 건 너를 만나고 5년이 지난 어느 날이었어. 다른 사람을 통해 그 사실을 알게 되었는데, 그 뒤론 사람들을 만날 때마다 그렇게 말하곤 했어. 진짜 부자는 내 친구 같아야 한다고.

밥상에서 밥투정하면 안 된다고 배웠다는 너는 뭐든 맛있게 잘 먹었어. 반면 나는 밥투정 할 정도의 충분한 음식이 없는 환경에서 자랐지. 주는 거 안 먹으면 다 뺏기니까 맛으로 음식을 따질 수 없었거든. 밥맛이 떨어진다는 사람을 보면 어떻게 밥맛이 없을 수 있을까 싶어 부럽기까지 했어. 하지만 너는 나와 다르게 먹고 싶은 것을 골라 먹을 수 있는 환경이었잖니. 그런데도 동생이 안 입는다는 옷을 가져와 입는 예쁜 엄마였고, 게다가 아내와 며느리 역할은 또 얼마나 훌륭하게 하는지. 야단 한 번 안 치고 훌륭하게 키워낸 아이들을 결혼시키고 지금은 또 할머니 역할까지 얼마나 잘하고 있니. 그러면서 늘 친구를 잊지 않고 배려하는 마음씀씀이까지.

어느 날 네가 그랬지. 교사의 가이드북 같은 것을 써보라고, 처음 교사가 되었을 때 어떻게 해야 할지 모르는 사람들이 많을 거라고, 아이들을 어떻게 다루어야 하는지, 학부형을 만났을 때는 또 어떻게 해야 하는지, 학교생활에 어떻게 적응해야 하는지, 그런 것을 써 보라고. 우리의 미래를 짊어질 아이들을 가르치는 교사에게 올바른 지침서가 없는 것 같다고. 그러면서 너는 "네가 그 일을 할 수 있을 것 같아"라고 말했어. 30대도 40대도 아닌, 사랑이 뭔지 조금은 알 수 있는 50대인 내가 그 일을 할 수 있을 것 같다고.

“그동안 네가 경험한 학교, 어학원, 그런 체험들을 나한테 들려줬던 것처럼 글로 쓰면 되지 않을까?”

너는 그렇게 말했어.

딸이 처음 회사에 입사했을 때 어떻게 해야 한다는 지침서가 없어서 선배들에게 자주 질문을 했는데, 그때마다 선배들이 이까짓 것도 모르냐고 생색을 내서 무척 당황했대. 그러다가 후배가 조금 나은 아이디어를 내면 슬며시 따돌리고. 그때부터 딸은 자료수집을 하면서 자신의 경험을 토대로 메모를 했대. 신입사원이 들어오면 당황하지 않게 가르쳐줘야지, 생각하면서. 생각해 보면 우리는 선배라는 이유로 얼마나 어깨에 힘을 주고 있는지.

생각지도 못한 너의 제안을 듣고 나는 얼마쯤 동의를 하면서도 그런 생각을 했어. 내가 뭘 아는 게 있어야지, 감히 내가 뭐라고 교육이라는 굉장한 단어를 논하나 싶은. 그런데 지난 여름방학 때 여행을 다녀와서 생각이 바뀌었어. 여행 중에 혼자 간직했던 그 감동을 모두에게 전하고 싶다는 생각이 들었거든. 여행 이야기와 함께 내가 생각하는 교육, 학교생활, 우리 아이들, 그런 것에 관해 작은 이야기를 해도 괜찮지 않을까, 조심스러운 결심이 섰어. 굳이 가이드북이랄 건 없고, 그냥 살아오면서 내가 겪고 느낀 소소한 이야기를 너와 이야기하듯 부담 없이 써보고 싶어. 내가 느낀 감동을 다른 사람들에게 전할 수 있지 않을까 해서 이렇게 겁 없이…….

차 례

ENTS

새 학기 첫날

3월 첫날, 새 학년, 새 교실, 새 선생님.

열흘만 지나면 교실은 시장을 방불케 할 만큼 시끄럽고 번잡해질 거야. 하지만 첫날 첫 시간만큼은 담임선생님의 성격을 가늠하느라, 마음 맞는 친구를 고르느라, 모두들 조용하고 얌전하단다. 여기가 정말 초등학교 4학년 교실이 맞을까 싶을 만큼 말이야. 선생님이 무서운가, 떠들어도 괜찮은가, 내 장난이 얼마나 먹힐까를 궁리하느라 아이들의 눈은 초롱초롱해. 관심을 끌기 위해 “선생님 연세가 어떻게 되세요?” 질문하는 아이도 있고.

수업종이 울리면 나는 칠판에 내 이름을 쓰고 가능한 엄격한 말투로 연설 아닌 연설을 해. 어떻게 수업을 할 것인가, 우리 반의 질서가 어때야 하는가에 대해서.

“이제 여러분은 유치원생도 아니고 돌봐줘야 할 저학년도 아니에요. 여러분은 오늘부터 고학년이 되었어요.”

이건 거의 모든 선생님들이 이용하는 말이기도 해. 중학교 선생님은 “이제 초등학생이 아니에요”라고 말하고, 고등학교 선생님은 “중학생이 아니에요”라고 말하고.

“사람과 짐승이 다른 점은 언어가 있다는 점이에요. 언어가 있다는 건 말로써 서로가 뭘 원하는지 알 수 있다는 거겠죠? 지금 선생님이 하는 말 이해돼요?”

“예.”

“여러분 중에서 말을 못하거나 못 알아듣는 사람은 하나도 없지요? 짐승과는 대화를 할 수 없으니까 뭔가를 가르치려면 때려서 가르쳐야 해요. 물론 짐승이라도 때리는 건 나쁘지만 말을 알아듣지 못하니까 잘잘못을 가르쳐주기 위해서 때려야 할 때가 있어요. 하지만 우리는 말로 서로를 이해할 수 있으니까 제가 여러분을 때릴 필요가 없겠지요?”

이쯤 되면 아이들의 얼굴에 난감한 기색이 어려. 그러면 나는 목소리를 다소 누그러뜨리고 질문을 해.

“여러분, 학교는 뭘 하는 곳이지요?”

“공부하는 곳이요.”

“공부는 왜 하지요?”

"훌륭한 사람이 되려고요."

"훌륭한 사람은 어떤 사람이지요?"

아이들은 잠시 생각한 뒤 세종대왕, 링컨, 아인슈타인 등 자기가 아는 위인들의 이름을 외쳐.

"여러분, 그럼 부모님은 훌륭한 분인가요, 아닌가요?"

"훌륭한 분이에요."

"부모님은 필요한 분인가요, 아닌가요?"

"필요한 분이에요."

"그럼 훌륭한 사람은 어떤 사람일까요?"

"필요한 사람……이요?"

"그래요. 훌륭한 사람은 필요한 사람이기도 해요. 우리 반 급훈이 뭐죠? '최선을 다하자' 지요? 여러분이 해야 하는 최선이란 모든 자리에서의 최선이에요. 놀 때도, 쉴 때도, 그리고 공부할 때도."

그것은 나 자신에 대한 다짐이기도 해. 내 자식을 때리지 않듯 우리의 귀한 자식에게 교육이라는 미명 아래 매를 들면 안 된다고. 우리 반 아이 모두가 선생님의 사랑을 느끼게 하자.

그것이 새 학기 첫날 나의 다짐이야. 선생님이 자기를 어떻게 대하는지는 아이들이 가장 잘 알아. 유치원(이르면 유아원) 때부터 거쳐 온 선생님이 몇 명이겠니?

며칠이 지나면 학부모님과의 상견례가 있어. 요즘 아이들은 나처럼 나이든 선생님을 원하지 않아. 학부모님도 마찬가지지.

"담임선생님은 몇 살 정도로 보였니?"

학기가 시작되는 날 아이들이 돌아오면 부모님들은 이렇게 물어. 다행인지 불행인지 어떤 아이들의 눈에는 나 같은 노인도 노처녀로 둔갑해, 본의 아니게 면담 온 어머니들을 놀라게 할 때가 있어. 그럴 때면 괜스레 미안하기도 해.

담임에 대한 정보라고는 아이들의 소감이 전부인 어머니들과 달리, 처음 본 담임의 신상명세를 줄줄 꿰는 어머니도 있어. 담임을 맡은 선생님이 원하던 선생님이면 그 1년은 안심해도 되겠다고 생각하고, 그렇지 않은 선생님이면 학원을 보내서라도 모자란 부분을 채워야겠다고 생각하지. 아니 어쩌면 마음에 드는 선생님이라도 마찬가지일지 몰라.

학교에서 가르치는 것과 학원에서 가르치는 것은 별개니까, 학교는 어머니들이 원하는 만큼 공부시켜주지 않으니까, 좋은 학원에 보내는 것만이 내 아이를 1등으로 만드는 길이라 생각하는 어머니들이 많으니까. 학교는 이미 믿을 수 있는 곳이 아닌 거지.

학부모님과 상견례를 할 때 내가 하는 말은 매년 비슷해.

"아이들 잘 키워주셔서 고마워요. 모두 착하고 예뻐요. 이 소중한 아이들을 올 한 해 저와 의논하면서 함께 키워나가요. 제 교육

방침은, 교육방침이라기엔 좀 그렇지만, 초등학교는 배우는 즐거움이 뭔지 느끼게 하는 곳이라 생각해요. 학교 다니는 거, 아이들에게 이제 시작인데 하기 싫은 공부를 시키는 지겨운 곳으로 느끼게 하고 싶지 않아요. 즐겁게 학교에 와서 배우는 기쁨을 체득했으면 좋겠어요. 그래서 저는 1년 동안 숙제가 없어요."

이쯤 되면 대부분의 어머니들은 걱정으로 얼굴이 어두워져.

"좁은 소견이지만 제 생각은 그래요. 숙제는 공부가 아닌 거 같아요. 하지만 숙제를 내지 않는 더 큰 이유는 아이들이 놀 시간이 없어서 친구 사귀는 법을 모르기 때문이에요. 학교 끝나면 학원, 학원 다녀오면 학원숙제, 놀 때는 텔레비전이나 컴퓨터……. 제가 숙제를 내지 않는 건 그 시간에 친구랑 놀거나 운동하라고요. 체력이 국력이잖아요. 어렸을 때 열심히 뛰어놀고 체력 길러서 나중에, 진짜 공부해야 할 시기에 해야 하지 않을까요?"

하지만 우리 애 성적이 다른 반 애들에 비해서 떨어지면 어떡해요? 나는 어머니들이 마음속에 꾹꾹 눌러놓은 질문을 읽어.

"어머니들, 꾸벅꾸벅 졸면서 숙제라고 밤늦게까지 붙들고 있는 아이가 불쌍하지 않으세요? 저도 부모지만 부모가 하는 말은 아무리 좋은 말이라도 잔소리로 들려요. 공부해라, 숙제해라, 그러면 책상 앞에 앉아있긴 해요. 하지만 뭘 해야 될지 모르는데, 공부가 뭔지 모르는데 어떻게 공부해요? 공부하란 소리 들으면 몇 번씩 냉장고 문 열었다 닫았다, 여기저기 왔다 갔다 하잖아요. 머리는 텅 비어있는데 그냥 앉아있는 거예요. 그렇다고 공부하란 소리조차 안 하면 어떻게 하냐고요? 공부하라고 할 필요가 뭐 있어요. 어머니가 먼저 공부하시면 돼요. 어머니가 공부하니까 놀기 미안하고, 어머니가 안 놀아주니까 심심하고, 그래서 슬며시 책 들고 와서 옆에 앉잖아요? 생각해 보세요. 어른도 하루 여섯 시간 학교에서 수업하라고 하면 어깨 쑤시고 다리 아프고 그래요. 그런데 그 시간 마치기 무섭게 또 학원으로 쫓아내잖아요. 아이들이 공부하는 기계도 아니고, 불쌍하지 않으세요?"

내가 하는 이야기가 이 입시경쟁 사회에서 얼마나 먹힐까. 어머니들의 말씀은 거의 똑같아. 다른 애들이 다 학원 다니니까, 우리 아이만 안 하면 떨어지니까, 그러니까 학원 보내는 거라고. 그럴 때 나는 화가 나서 되묻고 싶어져. 내 자식 교육인데 어떻게 다른 아이가 하니까 라고 말할 수 있어요?라고.

내 친구 말콤이 했던 말이 떠올라. 너도 알지? 우리나라에서 꽤 유명한 고등학교에 영어 선생님으로 있었던 뉴질랜드 친구 말이야. 아이 넷 가운데 두 명이 한국에서 태어났는데 초등학교에 입학하기 전 자기 나라로 돌아가 버렸어.

내가 뉴질랜드에 갔을 때 말콤이 그러더라. 한국 학교에 보내면 아이들에게 어린 시절이 없을 것 같았다고. 아무리 부모라도 유년의 행복을 빼앗을 권리는 없다고.

"전 성적 나쁘다고 체벌하지 않아요, 공부는 노력하면 누구나 할 수 있으니까. 하지만 질서를 안 지키거나, 예의 없는 행동을 하거나, 맡은 일 하기 싫어하거나, 친구 괴롭히거나, 그런 건 혼내요. 그리고 친구 괴롭히는 건, 예를 들어 난 장난이지만 당하는 사람이 귀찮아하거나 싫어하면 그것도 안 된다고 생각하거든요. 그래요. 전 착한 아이가 예뻐요. 다만 그건 마음속으로 예쁜 거예요. 하지만 아이들은 알아요, 제가 사랑하고 있다는 것을.

그리고 또 하나 제가 어머니들께 바라는 건, 야단을 치더라도 매를 들지 않았으면 좋겠다는 거예요. 집에서 때려가며 말을 듣게 한 아이는 학교에서도 때려야 말을 들어요.

가끔 엄하게 하되 말로 하세요. 이렇게 생각해보세요. 내 자식에게 부모를 선택할 권리를 줬다면 과연 나를 부모로 선택했을까. 아이는 그러니까, 하늘이 준 선물이에요. 선물을 고맙게 받았으면 최선을 다해 키워서 이 사회에 바르게 내놓아야지요. 아이들의 권리를 부모라는 이유로 뺏으면 안 돼요.

아이에게는 놀아야 할 권리도 있고, 더불어 살아가는 걸 배울 권리도 있어요.

우리나라 어머니들은 학교 앞이 진흙탕이면 내 아이만 차에 태워서 데려다주는데, 이스라엘 어머니들은 그 도로를 같이 포장한

대요. 전 어머니들이 먼저 변해야 한다고 생각해요. 조금만 더 크게 보자고요. 조금만 더 양보하자고요. 내 아이가 잘하는 것도 좋지만 우리 아이들 전체가 잘하면 더 좋잖아요."

나는 계속해서 말을 이어가.

"전 제가 담임하는 1년 만이라도 숙제할 시간에 뛰어놀면서 체력 키우라고, 대신 수업시간에 최선을 다하라고 할 거예요. 그렇게 잘해 왔고요. 뭐가 필요하고 뭐가 중요한지 스스로 알 수 있도록 제가 이끌어볼게요. 믿어주세요."

학기 초에 이렇게 큰 소리를 쳤으니 많이 노력해야겠지. 나, 더 많이 배우고 더 많이 느껴서 더 많이 가르쳐보려고 해.

초등학교 4학년, 나는 어떤 기억을 가지고 있을까.

친구를 괴롭힌 적이 있어. 누군가한테 그렇게 못되게 군 건 4학년 때가 처음이자 마지막이었던 것 같아. 싸움을 할라치면 겁부터 나서 친구하고 말다툼 한 번 해 본 적 없었거든. 누가 조금만 서운한 소리를 하면 눈물부터 뚝뚝 흘리는 나를 어머니는 참 속상해 하셨지. 그해 내 짝꿍의 아버지는 어부였어. 그 아이는 아버지의 군복에 물을 들여 입고 다녔어. 군복에서 배어나는 생선 비린내가 얼마나 견디기 힘들던지, 책상에 선을 긋고 넘지 말라고 으름장을 놓았어. 어른이 된 지금까지도 그 친구에게 미안해.

그 시절 처음으로 밥을 했던 기억도 나. 가난한 공무원인 아버지의 봉급으로 여섯 자식을 먹여 살리는 일은 수월하지 않았고, 어머니는 생활을 꾸리기 위해 여러 가지 일을 하셔야 했지. 돼지 치기, 텃밭에 야채 가꾸기, 하숙 치기, 구멍가게……. 나는 그 많은 일 가운데 하나라도 도와야겠다고 생각했어. 그해 여름, 감자를 한 대야 깎은 뒤 땀을 뻘뻘 흘리며 화덕에 불을 지폈지. 그렇게 해서 당원을 넣고 감자를 찐 것이 내가 준비한 첫 번째 저녁식사였어. 일터에서 돌아와 어린 동생을 업고 밥을 하려던 어머니는 내가 쪄놓은 감자를 보고 무척 대견해하셨지. 훗날 어머니는 내 큰 아이가 4학년이 되자 "너희 엄마는 4학년 때부터 밥 해 먹었다"고 몇 번이나 말씀하셨어.

그래, 이렇게 우리 아이들한테 내 4학년 때의 추억에 관해 이야기해야지. 너희는 어부인 아버지의 옷을 입고 학교에 갈 필요도 없고 밥을 할 필요도 없어. 그저 공부만 잘하면 돼. 그런데 그 공부가 너무 힘들구나. 학교가 끝나고 학원 하나라도 다니지 않으면 세상에 적응조차 할 수 없구나. 그런 너희가 어려운 환경에서 공부한 우리보다 더 힘들게 세상과 직면하고 있구나.

어디서나 듣는 '요즈음 아이들' 또 '요즈음 부모들.' 내가 만난 요즈음 아이들은 풍요 속의 빈곤이랄까, 어떻게 설명해야 할까. 어떤 사람들은 요즈음 아이들에 관해 이렇게 말하지. '아이는 아이다, 아이는 때 묻지 않은 세상 가운데에 있다, 그런 아이가 주변

환경 때문에 병들고 있다, 아이는 선생님이 이끄는 대로 사회가 손 잡아주는 대로 따라올 준비를 하고 있다.' 하지만 또 다른 누군가는 이렇게 말하기도 해. '요즈음 아이는 아이가 아니다, 아이들은 이미 순진함을 잃은 지 오래다, 어른들 말을 듣지 않는다.' 그러나 내가 만난 아이들은 모두 전자에 속했어. 나는 그 아이들에게 이렇게 말하고 싶어.

"정말 예쁘고 바르게 자라는구나. 잘 크고 있구나. 허나 어쩌니. 너희를 바르게 키워서 사회로 내보내야 할 교육이 왜 가끔은 너희의 어린 시절을 짓밟는지."

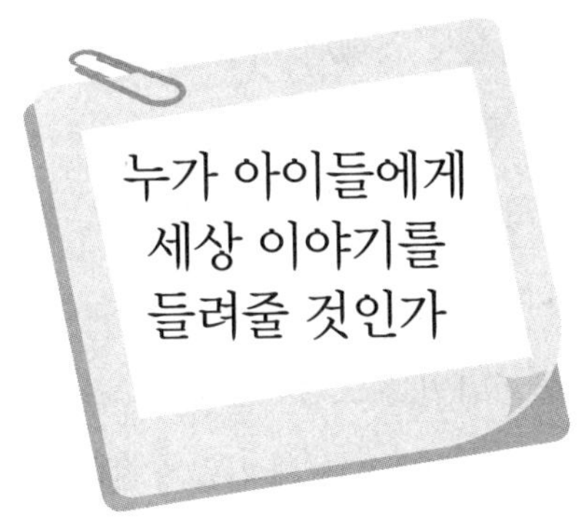

누가 아이들에게 세상 이야기를 들려줄 것인가

4학년이 되도록 공책 정리조차 제대로 못하는 우리 아이들. 언제부터 이 아이들이 공책 정리를 안 하게 되었을까. 책에다 필기하면서부터 아니었을까. 차근차근 끝까지 쓰는 법도 모르고, 게다가 종이 한 장 안 나는 나라에서 웬 종이는 이렇게 풍부한지.

우리 아이들은 물자 절약의 뜻도 모르고 살지. 한 10년쯤 되었나, 우리가 지금은 돌아가신 Mrs. Gibbs 할머니를 만났을 때가? 더 오래 전이었던 것 같기도 하고…….

우리나라 고등학교 이사장이라는 위치에 있으면서도 누구보다 검소하게 절약하셨던 그 분의 정신을 어떻게 설명해야 할까. 설거지를 도와준다고 수도꼭지를 틀어놓고 설거지를 했다가 얼마나 혼이 났었니. 우리 속담에 물 쓰듯 쓴다고 하잖아. 물 부족 국가가 되리라고는 상상도 못했던 시절이었는데, 그 분은 수도를 틀어놓고 설거지를 한다고 화를 내셨지.

왜 그러냐고 했더니 지구에 물이 부족하다고 하셨어. 비가 오면 커다란 통에다 물을 받아서 그 물로 화단을 가꾸고, 빈 박스며 빈 병을 판 돈으로 고아원을 도와주던 분.

이렇게 교회가 많은 나라에 또 왜 이렇게 가난한 사람이 많으냐고 안타까워하기도 하셨어. 어느 날 교회 목사님이 찾아와서 우리 교회가 5년 전보다 훨씬 더 부흥했다고 하자 어떻게 부흥했냐고 물으셨어. 시작할 때는 자가용이 50대였는데 지금은 500대가 되었다고 목사님이 대답했지. 두고두고 그 이야기를 하면서 얼마나 한심해하셨는지 몰라. 기독교가 한국에 와서 뭔가 잘못된 게 아닌가 싶다고 말씀하셨어.

우리가 언제부터 이렇게 잘 살게 되었다고 아이들은 절약이 뭔지도 모르는 걸까. 늘 절약에 관해 설명하고 이해시키려 하지만, 몸에 밴 습관이 하루아침에 고쳐지지 않나봐. 내 일본인 친구도, 뉴질랜드 친구도 얼마나 절약하는지 몰라. 정말이지 어디서 어떻게 잘못된 건지 모르겠어.

어느 날 뉴질랜드 친구와 슈퍼마켓에 갈 때였어. 한 농기구상에서 허름한 반바지를 입고 농기구를 사는 사람을 가리키며 친구가 그랬어. 저 사람이 이 동네에서 가장 부자라고.

'가장 부자도 아무렇지 않게 농기구 사러 가게에 오는구나!'

이번에 뉴질랜드에 가서 콤비타 사 회장님을 만났어. 연세는 거의 아흔여덟 정도 되었는데, 그의 회사에서 나오는 물건의 종류는 너무 다양해서 거의 헤아릴 수가 없어. 꿀로 만들 수 있는 건 거의 다 만들어낸다니까. 내가 들렀던 공항 면세점마다 그 회사 물건이 있고, 공장에 견학 갔을 때는 설립자라고 크게 사진이 걸려 있었어. 수에미가 설립자라고 해서 눈에 익은 얼굴이라 보니 그 공장 입구에 크게 걸려 있었던 사진의 얼굴. 그 연세에 허름한 차를 끌고 자기 회사에서 만든 물건을 사려고 그 가게에 들렀던 거야. 우리는 그런 곳에서 회사 회장님들과 마주칠 수 없는데.

다들 교육이 문제라고 하지. 그러면서 이 나라는 교육 천국이 되어가고 있다고 해. 학교교육, 학원교육, 가정교육, 사회교육, 국가교육……. 모두가 교육자인데 교육이 부재했다는 공허감이 드는 건 왜일까.

자식을 위하고 내가 가르치는 아이들을 이 나라의 미래라고 생각하면서 마음의 건강을 빼앗아도 되는 걸까. 어른이라는 이유로, 아이들을 위한다는 이유로, 그렇게 짓밟아도 되는 걸까. 교사 노릇도 부모 노릇도 점점 힘들어지기만 해. 유치원에 들어가기도 전부터 교육을 위해 발 벗고 나서는데 정작 교육은 어디에도 없어. 그렇지 않니?

결국 진정한 부모도 진정한 교사도 없는 거야. 이제 실력 있는 교사란 아이들을 사랑으로 감싸는 교사가 아니라 인간성이 부재했든 말든 지식을 잘 전달하는 교사야. 매일 교육을 외치지만 우리는 한 번도 믿어주는 교육을 받아보지 못했어. 타인의 장점을 받아들이는 교육을 받아본 적도 없고. 아직도 사촌이 땅 사면 배 아픈 사람들이 많으니까.

질서 교육을 받지만 앉았다 일어난 자리는 엉망이고, 내 것이 아니면 아끼지 않고, 내 것이 되고나면 대기오염을 시켜도 내 것이니 상관없다는 식이지. 교실을 깨끗이 하라고 가르치면 운동장에 휴지를 버리고, 학교를 깨끗이 하라고 가르치면 도로에 쓰레기를 버려. 나라를 깨끗이 하자고는 가르치지 않기 때문에 이 땅 전체가 몸살을 앓는 느낌이야.

'자연을 보호하자' 는 문구가 있어도 산은 엉망이 되어가. 사람들과 함께 호흡하는 자연은 죽어 가는데 오직 제 몸뚱이 하나를 위해 운동하는 사람들은 늘어나지. 후손들에게 물려줄 자연은 생각지도 않고. 영양가 있는 음식을 찾으면서 영양가 있는 삶은 모르는 것 같지?

내 뉴질랜드 친구들은 고등학교를 졸업할 때까지 밤 아홉 시까지 공부해 본 적이 없대. 고등학교도 세 시 삼십 분에서 네 시 사이면 하교하니까 이해가 돼. 간식을 먹고, 숙제를 하고, 텔레비전을 시청하고 컴퓨터를 조금 하면 여섯시, 저녁을 먹을 시간이야. 가족과 함께 식사를 하면서 그날 학교에서 있었던 일을 이야기하지.

케네디 가의 저녁식사 이야기는 오랫동안 내 가슴에 남아. 저녁식사는 꼭 함께 해야 한다는 아버지의 말씀을 따르려고, 어린 케네디는 시간을 지키기 위해 식당으로 달려가다 막혀 있던 유리문을 못 보고 그대로 달렸어. 물론 유리문은 깨졌지. 다함께 저녁을 먹으면서 토론했던 케네디 가의 문화가 오늘날 그들을 위인으로 만들지 않았을까. 우리는 아이들도 바쁘고 어른도 바빠서 서로 얼굴 보기조차 힘들어졌는데…….

말했듯이 부모를 선택하지 못하듯 나라를 선택해서 태어난 것은 아니지. 우리 아이들 역시 나를 선생님으로 선택하고 싶어서 선택한 건 아니야. 정말 잘해야 할 텐데.

내가 언젠가 이야기한 적 있지? 50년 동안 냉동된 인간. 이 사람이 깨어나 보니 세상이 너무 많이 변해 있는 거야. 여기도 저기도 설 자리가 없고, 어찌 해야 할지 몰라 학교에 갔는데, 거기가 바로 고향이더라고. 그렇게 변하지 않는 곳. 우리 현실 같지 않아?

세 아이들이 어지럽히는 통에 방은 발 디딜 틈도 없는데, 그래도 하루에 여덟 시간씩 책상 앞에 앉아 영어공부를 하던 시절이 있었지. 그러면 놀다 지친 아이들이 슬며시 책을 들고 내 옆에 와서 앉곤 했어. 나중에 큰 아이가 그러더라. 어렸을 때 엄마가 열심히 공부하는 걸 보고 "엄마 책 속에 뭐가 있어?" 하고 물었더니 내가 "응, 책 속에 보물이 있어"라고 대답했대. 나는 기억도 안 나는 이야기인데. 아이는 '나도 보물을 찾아야지' 생각하면서 열심히 책을 읽었대.

그래, 공부에 관해 설명할 필요는 없지 않을까. 스스로 재미있다고 느끼게 만들어주면 그걸로 충분하지 않을까. 학교에 가는 즐거움을 주고 억지로 배우지 않아도 지식이 쌓여간다고 느끼고, 나는 아이들이 그렇게 공부했으면 좋겠어.

그래서 옛날이야기를 하듯 역사 이야기를 많이 해줘. 사회시간이나 도덕시간에 들려주는 옛날이야기를 넋을 빼고 듣던 아이들이, 집에 돌아가 역사책을 읽고 나보다 더 많은 지식을 쌓아와 질문을 할 때 얼마나 보람 있는지 몰라.

요즘 아이들은 집에 가서도 자기들만의 세계로 갈 수 없어. 마음에도 없이 강제로 공부하느라 주의가 산만해지는 거야. 그럼 어떻게 공부를 시켜야 할까? 내 방법이 맞는지 모르겠지만, 공부를 잘하면 어떠어떠한 점이 좋고 못하면 어떠어떠한 점이 나쁘다고 공부에 관해 설명하면 안 돼.

부모님들이 우리에게 했던 말, 기억나니? 배우지 못해서 설움 당하면 안 된다고, 배워야 산다고. 하지만 이제 그런 말은 너무 낡아서 과연 그런 세월이 있었는지 의구심마저 들게 해. 너도 그렇지만 나 역시 내 자식들 비싼 과외 한 번 시켜본 적 없는데, 하지만 이런 방식이 지금도 통할지는 잘 모르겠어.

나는 세계지도를 걸어놓고 우리가 이 지구를 어떻게 보호해야 하는지 가르쳐. 내가 가본 나라에서는 어떻게 자연보호를 하더라는 말도 하고, 어떤 나라는 아직 경제적으로 발전하지 못했지만 이렇게 순수한 마음을 가진 사람들이 많다는 이야기도 하고. 이제 세계는 하나라고 가르치고, 너희가 우리나라 밖으로 나갔을 때는 이 나라를 대표하는 거라고 가르쳐. 높아진 한국 위상에 대해서 가르치고, 질서가 중요하다고 가르치고, 너희가 몸에 밴 습관으로 아무렇지 않게 행동할 때도 너희를 본 외국인은 그 모습으로 한국을 평가한다고 가르쳐. 그런데 그런 이야기를 하면서도 왜 이렇게 답답하니?

가르치는 대로, 보고 들은 대로 받아들이는 우리 아이들 앞에서 내 행동은 얼마나 올바른가 생각하면, 스스로가 부끄러워질 때가 많아. 늙었다는 증거일까? 아니면 늙어가고 있다는 증거?

언젠가 초등학교 동창이 출판 기념회를 하면서 나더러 사회를 맡아달라고 했어. 내 친구가 좋은 책을 썼다는 기쁨에 선뜻 그 청을 받아들였어. 그 자리에서 내가 낭독한 글을 옮겨볼게.

「그냥 그 자리에 있어서 같은 시대를 살아가는 멋진 친구가 있다는 것도 커다란 행복입니다. 찌꺼기 안고 살아가는 세상이 너무 힘들 때 "한잔 할까?" 물으면 기꺼이 받아 줄 수 있는 친구를 갖고 있다는 건 더욱 큰 행복입니다. 오늘 그 친구가 우리 모두에게 또 하나의 자부심을 심어주기 위해 이렇게 가슴 벅찬 자리를 마련했습니다. 확실히 우린 우리 부모님 세대보다 훨씬 더 축복 받은 삶을 살아왔고 살아가고 있습니다만, 그래도 어려웠던 초등학교 시절을 어려움인지 모르고 함께 보낸 우리들이었습니다.

어느 날 우리 친구 ○○○는 고등학교 은사님과 함께 한 술좌석에서 왜 좀 더 넓은 세상을 가르쳐 주지 않았냐고, 내가 지금 알고 있는 것을 그때 알게 했더라면 우리가 이보다 낫게 살지 않겠냐고 물었다고 합니다. 너도 그랬고 나도 그랬고 우리 모두가 그랬습니다. 시인 류시화가 한 말인 줄 알았는데 우리 친구가 먼저 했습니다.

본인 얘기였지만 교사가 직업인 저는 화들짝 놀랐습니다. 나는 과연 제대로 된 교사인가? 교사의 질이 교육의 질이라는 사실을 저는 친구의 말 한 마디에서 배웠습니다. 이력서에 ○○○○○라고 쓰는 것이 부끄러워 '○' 자를 지워 버리고 ○○○고등학교라고 썼다는 그 친구가 전국 1만 6000여 세무 공무원 중에서 50명만 들어 갈 수 있다는 본청인 국세청에서, 그 어렵다는 팀장 자리를 맡아 우리나라 국정감사를 담당하고 있습니다. 오늘이 아니라도 우린 그 사실 하나만으로도 친구에 대한 자긍심을 느꼈습니다. 국세일보, 조세일보에 대서특필로 친구의 글이 몇 번 실렸고 이제 3년여에 걸친 실무 경험과 노하우로 〈합병에 따른 이익의 증여와 부당행위 계산〉이라는 제목의 두꺼운 책을 써서 우리 모두를 놀라게 합니다.

정말 감사하고 정말 축하합니다. 너무 기뻐서 오늘 이 자리에 서 달라는 말을 거절 못하고 감히 이 자리에 섰습니다. 오늘의 저자를 이 자리에 모시기 전에 간단하게나마 이 책의 특징 몇 가지를 말씀드리겠습니다.

(하략)」

그래, 나는 그 친구와 나눈 술 한 잔에서 교사의 질이 교육의 질이라는 것을 배웠어. 그 시절 세상이 이렇게 넓다는 것만 알려줬어도 우린 지금보다 더 나은 자리에 있지 않을까. 실력만 있으면

서울에 가서 장학금 받아가며 공부할 수 있다는 것만 알려줬어도 세상에 대한 기대가 달라지지 않았을까. 이 거대한 도시에 처음 왔을 때 나는 그런 생각을 했어. 누구도 우리 인생에 좌표가 될 만한 이야기를 해 준 적 없는 것 같다고. 하지만 달리 생각해 보면 거기엔 그럴 수밖에 없는 이유가 있는 것 같아.

1979년 결혼을 하고 사표를 낼 때 내 봉급이 4만 원이었어. 공무원이었던 아버지의 봉급에 내가 탄 보너스를 보태서 동생들 등록금을 냈는데, 그러고 나면 내 손에 남는 게 없었지. 그 박봉으로 가정을 책임 져야 했던 다른 교사들의 삶은 또 얼마나 힘들었을까. 교사가 넓은 세상을 볼 기회가 없는데, 어떻게 학생들에게 넓은 세상에 대해 가르칠 수 있었을까.

굿 모닝 뉴질랜드

여름방학 때 여행을 다니면서 어느 나라를 가든지 그 나라 초등학교를 방문했어. 이국의 학교를 방문한 내 경험을 우리 아이들에게 전달한다면 의미 있는 일이 되지 않을까. 여행이란 늘 삶의 재충전이자 배움의 시작이잖니. 교사로서 알량한 양심이래도 좋고. 수박 겉핥기에 불과하더라도 시작해보고 싶었어.

여행 이야기를 하려면 네가 익히 알고 있는 내 뉴질랜드 친구들에 대해 먼저 말해둬야 할 것 같다. 너도 알다시피 뉴질랜드는 이미 열 번 이상을 다녀왔고 갈 때마다 거의 한 달씩 머물렀잖니. 내가 그 나라 학교를 여러 번 둘러봤다는 것도 알고 있지? 그때 겪은 일, 그때 했던 생각……. 그간 너랑 자세한 이야기를 나눌 기회가 없어서 다하지 못했던 이야기들을 이 지면을 통해 해볼게.

날을 잡아 친구인 앤이 근무하는 오마누 초등학교에 갔어. 그녀는 2학년 담임을 맡고 있어. 나는 준비해간 색종이 일부를 앤의 반 학생들에게 선물했어. 내가 왜 색종이를 선물로 가져갔는지 궁금하지?

예전에 말콤과 함께 뉴질랜드 타우랑가 항구를 지나는데 항구 옆에 커다란 산이 세 개나 있는 거야. 산이라고 표현했지만 나무도 없고 어쩐지 이상해서 나는 말콤에게 물었어.

"말콤, 저게 뭐야?"

"한국으로 수출하는 펄프야."

그 대답을 듣는 순간 머리가 멍해지더라. 우리나라는 종이를 만들기 위해 산 세 개만큼의 펄프를 수입하는구나, 그리고 우리나라 학교와 교실에서는 그 종이를 물 쓰듯 써버리는구나. 한국으로 돌아오면서 말콤의 부인인 수에미에게 필요한 게 뭐냐고 물었어. 일본인인 수에미는 뉴질랜드 초등학교에서 일본어 특기적성 선생님으로 근무하는데, 자기가 가르치는 특기적성반 아이들을 위해 한국 색종이를 사 달라고 했어. 한국 색종이의 질이 뉴질랜드 색종이를 훨씬 능가한다면서.

우리는 그 많은 펄프를 수입해서 질 좋은 색종이를 만들지만, 한 시간의 미술수업이 끝나면 남은 색종이는 버려져. 미술수업이 끝난 뒤 아이들이 남긴 색종이가 버려지는 걸 보면 괜히 화가 나.

유년 시절 색종이로 종이인형 옷을 만들었다가 귀한 색종이로 인형 옷을 해 입혔다고 엄마한테 얼마나 혼이 났는지.

준비해간 색종이 가운데 두 뭉치는 수에미 반 학생들에게, 한 뭉치는 앤 반 학생들에게 나눠줬어. 앤이 한 시간의 수업을 부탁하더라. 나는 이국의 교실에서 우리나라 바지저고리 접는 법과 공 접는 법을 가르쳤지. 내가 떠나던 날 앤이 나한테 온 편지라며 봉투를 하나 내밀었어. 그 안에는 앤의 반 아이들이 고사리 손으로 쓴 감사 편지가 들어 있었어.

한국으로 돌아온 뒤 그 편지를 우리 반 아이들에게 보여줬어. 뉴질랜드의 2학년 아이들이 얼마나 글씨를 잘 쓰는지 보여주기 위해서. 컴퓨터 자판이 익숙한 우리나라 초등학생들은 대부분 글씨를 예쁘게 못써.

어느 날 우리 반 아이에게 "네 글씨는 개발세발(괴발개발)이구나" 했더니 "선생님, 개 발이 네 개지 어떻게 세 개예요?" 그러더라.

"그래, 개가 세 발로 걸으면 얼마나 비틀거리겠니? 네 글씨가 그렇게 못 알아볼 지경이란 뜻이야."

뉴질랜드 아이들이 손수 쓴 편지를 보여준 이유는 그런 거야. 글씨조차 바르게 못 쓰는 너희가 어떻게 전 세계 아이들의 경쟁 상대가 되겠니?

IT강국인 우리나라. 교실마다 갖춰진 컴퓨터는 나 같은 사람에게 '인간성 말살' 이라는 극단적인 생각까지 하게 만드는구나. 컴퓨터 글씨체에 익숙해진 탓에 손으로 쓴 글씨는 어색해 보이고. 뉴질랜드 초등학교 교실에서 공책에 글씨를 쓰게 하고 꼼꼼하게 지도하는 모습을 보았을 때, 우리도 그래야 하는 게 아닌가 싶었어. 오래 전부터 손으로 하는 문화는 우리가 훨씬 발전했는데 하는 안타까움도 들고.

뉴질랜드 학교에서 놀랐던 것 하나. 저학년은 한 시간 삼십 분을 수업하고 십 분을 쉰 다음 교실을 바꿔서 수업해. 그런데 교실을 이동하는 아이들의 질서정연함이 우리와 얼마나 비교되는지. 첫 시간이야 웬 동양인 교사가 왔으니 얌전하게 군다고 생각할 수 있겠지. 하지만 아이들이란 한 시간만 지나면 원래 모습이 나오기 마련인데, 수업이 끝나도록 산만한 모습은 볼 수가 없었어. 그 나라 선생님이 갑자기 한국의 교실을 찾아와 우리 아이들의 평소 모습을 본다면 어떤 생각을 할까?

그 외에도 인상적인 게 몇 가지 더 있었어. 앤의 반에 걸려있던 세계지도도 그 중 하나야. 아니 앤의 교실뿐 아니라 방문하는 교실마다 세계지도가 걸려 있었어. 지도 위에 앤은 손으로 'My World' 라는 글씨를 써서 붙여놓았어. 지금은 나도 우리 교실에 세계지도를 걸었고 그 지도 위에 같은 말을 써 놓았지. 뉴질랜드에 있던 세계지도와 우리 반에 있는 세계지도에는 한 가지 차이점이 있어. 우리 지도에 '동해' 라고 표기된 자리에 '일본해' 라는 글씨가 적혀 있던 것.

뉴질랜드 학교 도서관에는 그림으로 풀어놓은 농촌의 모습이 국가별로 설명되어 있었어. '한국의 시골' 이라는 제목을 보고 책을 펼쳤더니 대가족이 사는 모습, 김장하는 모습, 소로 논을 가는 농부의 모습을 소개한 그림들이 있었어. 어려서부터 지구는 하나라고 가르치는 거야. 언젠가 뉴질랜드에서 버스를 탔는데 기사가 "어디서 왔습니까?" 라고 묻더라. 한국이라고 대답했더니 그는 이렇게 되물었어.

"한국 어디요? 서울? 부산? 원주? 진주?"

너무 놀라서 한국에 와 본 적 있냐고 물었더니, 고등학교 지리 시간에 배웠대. 이제 나는 어디서 왔냐고 물으면 꼭 '서울, 코리아' 라고 대답해.

그곳 교장선생님은 한국 유학생들이 지불한 수업료로 도서관에 책을 샀다고 자랑했어. 젊은 교장선생님은 나를 위해 학교 안내는 물론이고 수업 참관까지 도와줬지만, 영어를 배우기 위해 우리가 쏟아 붓는 돈이 얼마나 막대한지 생각하면서 나는 씁쓸했어. 영어권인 이 나라는 교육을 수출해서 돈을 벌어. 미국에 유학 온 학생들 가운데도 한국 학생이 가장 많다지? 뉴질랜드 역시 한국 유학생과 한국인 가게는 넘쳐나도록 많아.

뉴질랜드는 원주민을 철저하게 보호하며 마오리족의 전통에 관한 수업에 많은 시간을 할애해. 그 수업에 들어갔더니 덩치가 큰 마오리족 선생님이 내게 코를 부비며 인사했어. 옆에 있던 수에미가 기분이 어떠냐고 물어서, 내 타입의 남자가 아니라 아무 느낌도 없더라고 농담을 했더니 한참 웃더라. 그 선생님은 이국에서 온 나를 위해 마오리 노래와 전통무용까지 보여줬어. 그들의 전통을 감상하면서 우리도 음악시간에 장구와 판소리 같은 우리의 전통을 공부하는 데 실력 있는 우리 선생님들을 초빙해서 더 많은 시간을 할애하면 어떨까 생각했어.

내가 본 선진국이 뉴질랜드라 자꾸 그 나라와 우리나라의 교육을 비교하게 된다. 이곳에서는 여덟시 삼십분에 1교시가 시작돼. 저학년은 세 시면 모든 수업이 끝나고, 고등학생들도 세 시 반이면 하교해. 거의 모든 부모들이 맞벌이를 하지만 둘 중 한 사람은 아이들이 하교하는 시간에 맞춰 퇴근할 수 있어. 먼 곳에 사는 학생은 스쿨버스가 집 앞까지 태워주고, 열두 살 미만의 아이가 부모 없이 방치되면 경찰이 보호해. 우리나라 어머니들은 언제쯤 마음 놓고 맞벌이를 할 수 있을까.

이 아이들은 학교가 끝나도 학원에 가지 않아. 집에 돌아가면 자기 시간을 가질 수 있지. 부모님이 만들어놓은 스케줄에 따라 움직여온 우리 아이들은 유학을 와서도 뭘 해야 할지 몰라 끊임없이 질문을 하는데 말이야.

"학교 끝나면 뭐해요?"

"숙제하면 되지."

"숙제 끝나면 뭐해요?"

"놀면 되지."

"뭐하고 놀아요?"

"농구든 배구든, 집집마다 잔디 마당이 있으니까 거기서 놀면 돼."

"놀고 나면 뭐해요?"

"저녁 먹는 거지."

"그리고는요? 그 다음에는 뭐할까요?"

우리 아이들은 노는 법도, 시간 관리하는 법도, 놀이로써의 스포츠도 몰라. 운동을 해도 체력과 건강을 위해서 하지 않아. 체육 점수를 위해서 하나씩 배워놓는 것뿐이야.

그냥 여행 이야기를 하고 싶었는데 우리 아이들을 생각하니 숨이 차. 숨이 막히고 답답해. 어떻게 해야 할까. 인간성이 무엇이며 왜 인간성을 갖춰야 하는지조차 모르는 이 사회를 어쩌면 좋니. 독서의 즐거움을 깨닫기도 전에 시험을 위해 책 읽기를 강요하는 이 사회는 또 어떻게 하니. 우리 아이들은 책을 읽고 감동을 받을 시간이 없어. 공부에 허덕이며 유년과 청소년기를 보냈는데 회사에서는 면접 때 인성을 보지. 언제 인성을 가질 시간이 있었나, 이 아이들의 인생에서?

교단에 서면서 가끔 그런 생각을 해. 과연 이 아이들한테 내가 필요한 사람인가. 요즈음의 교육방식에 맞춰 성적 좋은 아이로 만들어 놓기만 하면 되는 건 아닌가. 모든 게 시험을 위해서만 존재하는 사회가 되어버렸으니.

글이 너무 무겁게 흘렀구나. 조금 더 가벼운 에피소드들을 이야기하자.

길을 가다 녹용 간판이 붙어 있어서 잠깐 들렀는데, 우리나라 여행객들이 설명을 듣는 중이었어. 한국 가이드가 다가오더니 어떻게 왔냐고 물었어. 지나던 길에 값이 어떤지 궁금해서 들렀다고 했더니 나중에 다시 오면 안 되겠냐고 하더라.

그렇지, 우리나라 패키지관광이 얼마나 싼지 알지? 개인적으로 여행하려면 턱도 없는 경비인데, 패키지기 때문에 가능한 거야. 패키지투어에서는 물건만 사지 않아도 성공이라더라. 물건만 안 사면 저렴한 경비로 항공권은 물론 식사와 숙박을 모두 해결할 수 있으니까.

혼자 다니면 아무리 버스를 타고 값이 싼 유스호스텔에 묵어도 어림없는 경비인데.

한 달 동안 어학원 다녔던 이야기는 너에게 했을 거야. 대단한 영어실력은 아니지만 내가 어학원에 등록하자 뉴질랜드 친구들은 의아해했어. 그때는 "좀 더 배우고 싶어서"라고만 대답했지만, 사실 영어를 배우고 싶었다기보다는 어떻게 가르치는지를 배우고 싶었어. 한국말을 잘한다고 해서 누구나 국어선생님이 될 수 없잖아. 어떻게 하면 우리 아이들에게 영어를 거부감 없이 전할 수 있을까,하는 것이 그때 스스로에게 준 과제였지. 그렇게 영어 가르치는 방법을 배우러 갔는데, 교실 쓰레기통 위에 쓴 문구가 눈에 띄더라.

'화요일은 폐휴지 수집하는 날. 지구를 깨끗이 하자.'

'교실을 깨끗이 하자' 나 '학교를 깨끗이 하자' 가 아니라 '지구를 깨끗이 하자' 라니. 자연을 보존하려는 이 나라의 열의를 누가 말리겠어. 수돗물을 마음 놓고 식수로 이용하는 나라, 수도요금이 따로 없는 나라, 바닷가에서 주먹보다 큰 홍합을 마음대로 딸 수 있는 나라, 하지만 일인당 열다섯 개밖에 못 가지게 하는 나라. 언젠가 한국 부부가 바위 옆에 널린 홍합을 보고 신이 난 나머지 산더미처럼 가지고 갔지 뭐야. 그 모습을 본 뉴질랜드 남자 분이 얼마나 호통을 치던지. 부부가 민망해하며 우리에게 반을 덜어주던 기억이 나. 지금 그곳에는 경고문이 붙여져 있어. 벌금이 5000불이라고.

인구 20만의 세계적인 관광지 로토루아를 아니? 로토루아에 가면 도시 전체가 유황냄새로 들끓어. 그 지방 어디든 땅만 파면 온천이지만 관광객을 상대로 하는 온천 허가가 난 곳은 한 군데뿐이야. 자연을 보호하기 위해서지. 이 나라는 산을 뚫어가면서 도로를 직선으로 내지 않아. 대신 예전에 내 고향 강릉이 그랬듯 자연이 만들어놓은 모양 그대로 굽이굽이 돌아서 도로를 만들지. 교통이 편리해지는 것보다 산림을 보호하는 게 우선이니까.

우리나라의 충청도보다 큰 밀포드 사운드 공원에 가면 자연 속에서 뛰노는 물개나 펭귄을 볼 수 있지만, 하루에 입장하는 관광객 수는 제한되어 있어. 클린턴 대통령이 은퇴한 뒤 살고 싶어 했다는 퀸스타운은 또 얼마나 아름다운지. 사람이 먹는 음식에는 농약을 쓰지 않고, 공항에서는 음식물 반입을 철저하게 검사해. 경비행기를 타고 마운트쿡에 내려 빙하 위에서 사진을 찍고, 별이 쏟아질 듯 맑은 밤하늘을 가진 작은 마을에 들어서면 어린 시절 나의 시골이 생각나.

나라를 상징하는 새도 키위고, 과일 수출 1위도 키위고, 그래서 사람도 키위인 나라. 이야기하다 보니 내가 뉴질랜드 홍보대사라도 된 듯하다. 내 키위 친구들의 따뜻한 마음 때문일 거야.

피지여행

피지 여행에 관해 쓰기 전에 함께 갔던 친구 이야기를 잠깐 할게.

나이는 나보다 열 살이나 위이지만 소녀 같은 순수함을 간직한 친구야. 대단한 피아노 실력의 소유자면서 그런 티를 내지 않는 겸손한 사람이기도 하고. 아직도 그녀에게 피아노를 배우고 싶어 하는 학생들이 꽤 있대. 예순다섯 살이 넘은 지금, 글을 깨우치지 못한 할머니들에게 한글을 가르치는 데 최선을 다하고 있어.

너보다는 늦게 만났지만 이 친구와도 꽤 오래 인연을 맺어왔어. 오래 전 주부 영어회화 반으로 내게 영어를 배우러 왔지. 내가 학원을 그만둔 뒤에도 우리 집으로 찾아와 개인적으로 공부했어. 그렇게 우리는 일주일에 한 번씩 만나 영어선생님과 제자의 인연을 이어갔어. 친구라고 하지만 서로의 호칭은 늘 선생님이었지.

나를 만나고 10년이 넘도록 교회에 나오라는 강요 한 번 하지 않았지만, 그녀는 신앙에 불성실한 내게 믿음이 무엇인지를 보여줬어. 나는 늦잠 때문에 일요일은 하루 종일 쉬는 날로 정했어. 믿음은 마음속에 있는 거지 교회 건물에 있는 것이 아니라고 개똥철학을 펼치며 신앙을 가지는 데 오만하게 굴었지. 가끔 믿음이 있으면 좋겠다고 생각했지만 그런 오만 때문에 실천으로 옮기기까지는 꽤 오랜 세월이 걸렸어. 선심 쓰듯 교회나 한 번 가볼까 싶어 걸음을 했던 적도 있지만, 그조차 시간이 날 때 아니면 게으름을 간신히 뿌리칠 수 있을 때였기 때문에 다니다 말다 들쑥날쑥했지. 그 친구는 내가 그런 식으로나마 교회에 나갔는지 모르고 있었어.

어느 일요일, 교회에 갔는데 그날따라 목사님의 설교가 얼마나 마음에 와 닿던지. 예배가 끝나자 나는 그 친구에게 전화를 했어.

"선생님, 나 여기 교회 왔어요. 잠깐 만나고 싶어요."

교회에 있다는 말에 친구는 한달음에 달려 나왔어.

"선생님이 나 전도했다고 하고 여기 등록시켜주세요."

내가 그렇게 말하자 그 친구는 "아" 하고 짧은 탄성을 지르더니 아무 말도 못하는 거야. 영문을 몰라 어리둥절해하고 있는데 친구가 말했어.

"사실 저 선생님 만나고부터 기도했어요. 선생님에게 신앙을 달라고요. 그렇게 기도한 지 오늘이 10년째 되는 날이에요. 오늘 아침엔 그랬어요. 하나님, 영어선생님은 안 되겠어요. 오늘 기도를 마지막으로 이제 영어선생님 기도는 안 할게요. 그러고 나왔는데 선생님이 교회를 찾아와 등록하겠다고 하니……."

나는 얼마나 감동 받았는지 몰라. 누군가를 위해 10년 동안 한결같은 마음으로 기도할 수 있다니. 이 친구와 함께 있으면 그녀의 기도 덕에 나까지 하나님께 덤으로 묻어갈 것 같아. 그래서 그렇게 마음 놓고 내가 가고 싶은 나라들을 다닐 수 있었나봐.

그 친구와 뉴질랜드에서 피지로 떠났어. 뉴질랜드 여행사에서 예약한 이 여행은 우리나라 패키지여행과 아주 달라. 호텔과 항공권만 예약하면 나머지는 자유 여행이거든. 배낭여행을 가듯 휴가를 즐길 수 있지. 한밤, 친구와 피지 난디 공항에 도착했는데 현지 호텔 여직원이 공항까지 마중 나와 우리에게 조개목걸이를 걸어주었어. 옆에선 3인조 밴드가 난디 공항에 온 사람들을 위해 남국의 노래로 환영하고.

공항을 나와 택시를 타고 바닷가로 가서 쪽배로 갈아타고 10분 정도 갔어. 캄캄한 밤바다가 은근히 무섭더라. 우리가 당도한 섬에 호텔이 있었어. 호텔이라고는 했지만 그곳의 간판은 '휴양지'야. 베카나 아일랜드, 섬 전체가 휴양지인 곳.

자가발전이라 희미한 전등불 아래를 걸어 방으로 안내되었어.

우리나라의 콘도와 비슷한 집이 우리가 머물 숙소였는데, 24평 아파트 크기의 그곳은 둘이 쓰기에 너무 넓더라. 남국 스타일로 꾸며진 그 집을 보면서 나는 왜 갑자기 쓰나미가 떠오르던지. 침대 위, 테이블 위, 텔레비전 위, 그리고 목욕탕까지 무궁화와 비슷하게 생긴 진분홍색의 생화가 놓여있었어. 벌레 퇴치제 대용으로 쓰이는 꽃인가 했는데 알고 보니 환영의 의미로 올려놓은 거래.

밤새 야자수 숲 사이로 부는 바닷바람과 파도 소리 때문에 섬 전체가 물에 잠기는 건 아닌가 겁이 났어. 친구는 휴양지 바에서 술을 마시는 덩치 큰 남자들이 무섭다고 해서 얼마나 웃었는지 몰라. 생각이 이렇게 다르다니.

대부분의 여행객들은 부부나 가족단위로 다니기 때문에, 우리처럼 여자 둘이 다니면 동성연애자라고 오해를 받게 되나봐. 이상한 시선을 느꼈다고 "우린 그냥 친구 사이에요" 일일이 설명할 수도 없고. 시간이 지나서 교회 친구라고 말하면 미심쩍은 표정들이 사라지긴 하더라.

이튿날 집 앞에 펼쳐진 해변을 맨발로 거닐었어. 이름 모를 열대나무 사이엔 영화에서만 보던 그물침대가 걸려있고. 우리는 그네 위에서 책 읽는 척 폼을 재며 사진을 찍었어. 누군가에게 보여주고 싶고 자랑하고 싶었거든. 이런 게 휴가구나, 생각했지. 서빙을 하던 피지 여인들이 어디서 왔냐고 물어서 "코리아"라고 대답했더니, 이 섬에 한국 사람이 온 게 두 번째래. 그럴 만도 하지. 기념품 가게 하나 없고, 드넓게 펼쳐진 해변 위에는 1층짜리 콘도식 집 열두 채뿐이니까. 참, 수영장과 식당 겸 바도 있어. 저녁 식사를 할 때면 몇 명 되지 않는 여행객들을 위해 3인조 밴드가 민속 노래를 불러줘. 피지 민속춤도 공연하는데 그러면 여행객들도 어울려 함께 춤을 추지. 거기에 내가 빠질 수 있겠니? 나도 같이 춤을 추며 신나게 즐겼어.

다음날 섬을 떠나서 시내관광을 나갔어. 호텔에서 택시를 불러주면서, 나가는 배는 오전 열 시 돌아오는 배는 오후 두 시에 있다고 알려줬어. 호텔에서 아침식사를 하고 라우토카 시내를 관광했어. 택시기사는 오키드 가든과 피지안 빌리지, 그리고 라우토카 시내에서 가장 싼 쇼핑몰을 추천했어.

먼저 피지안 빌리지에 갔어. 동네 사람들이 집에서 수작업으로 만든 진주목걸이 등을 관광객들에게 파는 일종의 기념품 가게야. 손으로 꿰어 만든 목걸이와 몇 개 안 되는 목각인형, 조개 같은 것을 우리나라 시장처럼 좌판 위에 올려놓고 팔더라. 진주목걸이를 사려고 홍콩 보석가게에 두 번이나 들렀다가 비싸서 못 샀는데, 여기에서 20달러 달라는 진주목걸이를 흥정해서 15달러에 네 개나 샀어. 나중에 보니 그보다 싼 가격으로도 살 수 있었더라고.

난을 재배하는 오키드 가든에서는 한국인 단체 관광객을 만났어. 열대과일 주스도 맛있게 먹었고. 피지에서 가장 싼 쇼핑몰에 가서 우리 반 아이들에게 줄 피지 열쇠고리를 쉰 개 정도 샀어. 슈퍼마켓에 들러서 파파야와 망고도 사고. 우리나라에서 비싸게 파는 망고가 한 보따리에 2불밖에 안 하더라. 먹고 싶은 과일을 잔뜩 사들고 배 시간에 맞춰 돌아왔어.

그동안 우리가 사용한 택시 시간은 정확하게 세 시간 사십 분. 우리가 구경하는 동안 기사는 바깥에서 기다리다가 사진 찍어달라면 찍어주고 다음 장소에 데려다주고 했어. 그리고 60불을 내라고 하더라. 우리 돈으로 36000원, 둘로 나누면 일인당 18000원씩이지. 우리나라 택시요금과 비교하면 무척 저렴하지.

택시기사랑 헤어질 때 다음날 계획이 뭐냐고 물어서 피지의 수도 수바에 있는 친구에게 간다고 대답했어. 그러자 라우토카에서 수바까지 버스로 네 시간 사십 분 거리라며, 자기 여동생이 수바에 살아서 자기는 잘 곳이 있으니 (그건 거짓말 같았어) 자기를 불러달라는 거야. 가면서 중간 중간 관광할 곳도 안내해주고 다음날 우리가 머무는 휴양지 선착장까지 데려다준다고. 그렇게 이틀 내내 안내하고 200불을 받겠다고.

나는 친구랑 의논해보고 연락하겠다며 명함을 달라고 했어. 기사는 두꺼운 도화지를 명함 크기만큼 잘라 손수 글씨를 쓴 명함을 건넸어. 그렇지. 하루 2달러로 사는 사람이 반 이상인 피지에서 택시기사가 어떻게 번듯한 명함을 만들겠어. 그러니 이틀을 일하고 200불을 벌면 그에게는 얼마나 큰돈이겠니.

그래도 그 지방 버스를 타고 싶어서 그에게 연락을 못했어. 솔직히 말하면 조금이라도 아껴보자는 생각도 있었고.

섬으로 돌아와 바다에서 수영을 했어. 아름다운 바다 속에 사람이라곤 친구와 나 둘뿐이었어. 허리 위에 물이 찰 정도의 깊이로 들어가자 어디선가 나타난 구명보트 한 대가 나를 보호하기 위해 바다 위를 배회했어. 그 섬 전체를 전세 낸 기분이었지. 갑자기 밀려오는 커다란 행복이 두렵기까지 했으니까.

사흘째 되는 날은 수바로 향했어. 수바에는 수에미의 일본 친구인 겐지 부부가 살아. 공항에서 수바까지 가는 버스는 하루에 두 번밖에 없어서 일찍부터 서둘러야 했어. 아침 여섯 시 삼십 분에 섬에서 나가는 배를 탔어. 투어리스트버스를 타라고 했는데, 고속버스라고 써 놓은 게 있어서 덜컥 그 표를 끊어버렸지 뭐야. 표를 주는 열일곱 살짜리 소년에게 수바까지 간다고 했더니, "표 두 장에 25불" 이라며 쪽지를 한 장 주는 거야. 50불을 냈더니 "버스를 타고 내라" 고 하잖아. 의아한 얼굴로 쳐다봤더니 "내가 그 돈을 가지고 도망치면 어떡할 거냐?" 며 버스를 타면 돈을 받는 사람이 또 있다고 했어. 60 ,70년대 우리나라 차장과 같은 역할을 하는 사람이 있는 거지.

버스가 왔는데 아, 기억나니? 그 옛날 어렸을 때 타던 마이크로 스타일의 버스. 크기만 지금 버스만큼 컸어. 머리도 기댈 수 없는 좌석 하나에 세 명씩 앉아야 했어. 남자고 여자고 피지인은 몸집이 참 크다고 생각했는데 어떻게 그 좌석에 세 명이 앉을까. 버스 기사의 머리 위에는 '승객 수: 어른 66명, 어린이 92명' 이라고 적혀 있었어. 우리가 탄 고속버스는 창문은 있지만 커튼이 없어서 사정없이 내리쬐는 햇빛을 막을 방도가 없었어.

동양인 두 명과 피지인을 가득 태운 버스는 고속버스라기보다는 시골의 완행버스 같았어. 길가에서 누군가 손을 들면 태우고 마을이 없는 곳이라도 세우라면 세우고. 절반쯤 가자 빼곡히 앉았던 승객의 반 이상이 내린 상태였지. 태평양 가운데 있는 지상낙원 피지. 그러나 뿜어대는 차량의 시커먼 연기는 잘 살아보려는 욕심에 급급한 나머지, 환경도 사람도 등한시했던 그 옛날 우리의 모습을 떠올리게 했어.

중간에 들른 휴게소는 우리나라 시골 장터와 비슷했어. 한 무더기 쌓아놓은(그 높이를 어떻게 설명해야 할까. 어떻게 쌓았을까 놀라울 만큼이랄까) 열대과일, 야채가 2달러, 그리고 한 보따리는 족히 될 만한 양이 1달러. 가는 길에 또 뭘 봤냐고?

'바지랑 장대' 도시에서 자란 너는 그게 뭔지 모를 거야. 마당에 빨래를 널고 땅에 끌리지 않도록 받쳐주는 막대라고 해야 할까. 피지에서 목도한 바지랑 장대에서 때 묻지 않은 우리의 60년대를 봤어. 그리고 돌아가신 어머니 생각을 오랫동안 했지. 그 삶들은 우리가 낯설어서 쳐다보고, 우리도 그 삶들이 낯설어 쳐다봤어.

다시 출발한 버스는 더디고 힘겹게 언덕을 올랐어. 내려서 버스를 밀어야 하지 않을까, 싶을 만큼. 그래, 버스를 탄 지 두 시간이 지났을 뿐인데 불편했던 거야. 네 시간 삼십 분은 얼마나 긴 시간이던지. 내 속에 자리 잡은 문명의 이기가 새삼 놀라웠어. 그 긴 시간을 견디게 한 것은 가는 내내 길가에 늘어서 있던 야자수와 바닷가였어. 아름다운 경치는 그 존재만으로도 한 편의 영화라고 해야 할 거야. 그렇게 네 시간 삼십 분이 지나자 갑자기 나타나는 대도시의 모습. 수바, 이 나라의 수도였어.

버스 종점에 '홀리데이 인' 이라는 호텔이 있다고 했는데 보이지 않았어. 행인에게 물어보니 걸어서 갈 수 없는 곳이라 택시를 타야 한대. 이곳 택시는 기본요금이 2달러야. 라우토카에서 택시를 탔을 때 느꼈는데, 이곳에는 아직 교통질서라는 게 없어. 가는 길도 오는 길도 무시하고 가다가 저 앞에서 차가 나오면 다시 반대차선으로 가고. 교통체계가 없는 것은 도시에서도 마찬가지였어. 아무데서나 차를 돌려대는 바람에 나도 모르게 "Oh, my god ! " 외쳤더니 "Island rule" 이래.

피지에서 놀란 것 중의 하나는 모두 영어를 잘한다는 거야. 청소부에서부터 택시기사에 이르기까지. 택시기사에게 어쩌면 그렇게 영어를 잘하냐고 물었더니 학교에서 배웠대. 그러면서 자기는 4개 국어를 할 수 있다는 거야. 피지어, 인도어, 영어, 그리고 폼베이어까지. 자기들끼리 피지어로 말하다가 내가 뭐라고 입만 열라치면 자연스럽게 영어가 나오는 게 얼마나 신기하던지. 이 나라는 오랫동안 영국 식민지였고 지금도 영연방이니 그런 영향도 있겠지만, 어떻게 영어를 가르치면 저렇게 될까 하는 생각을 해 보지 않을 수 없었어.

잠깐 피지에 대해 개괄적인 이야기를 하자면, 이곳은 70만의 인구가 50퍼센트의 피지인과 50퍼센트의 인디아인으로 이루어져 있어. 우리가 온 대로 난디 공항에서 수바까지 오는 길과 우리가 온 길과 반대로 난디 공항으로 되돌아가는 길을 원이라고 생각해 봐. 반원의 꼭대기에서 오른쪽으로 해변을 따라 돌면 King Road, 다시 왼쪽으로 해변을 따라 돌면 Queen Road야. King Road는 우리나라 건설회사에서 닦은 길이고 Queen Road는 일본 건설회사에서 만든 길이야. 피지 안에서 두 나라가 공존하는 셈이지. 원을 그렸을 때 반으로 나눠진 지점의 꼭대기가 난디 공항, 반으로 나눈 아래쪽이 이 나라의 수도인 수바야. 난디 공항에서 수바로 가는 버스는 하루에 한 번뿐이라 놓치면 올 수가 없어.

호텔에 들어섰는데 공중전화가 없더라. 호텔 프런트에서 전화 한 통 쓰자고 했더니 1달러를 내래. 프런트에서 공중전화비까지 챙기다니. 하지만 5분쯤 지나자 수바에 사는 겐지 부부가 도착했어. 기다리다 지쳐서 우리가 묵는 베카나 아일랜드까지 전화했다고 하더라고. 오후 한 시쯤 되었을 때라 점심을 먹어야 했는데 굳이 호텔 레스토랑에서 먹자는 거야.

호텔 음식이 얼마나 비싼지 아니까 그냥 그 지방 음식 아무거나 먹자고 했지. 그런데 자기네도 핑계 삼아 호텔 음식을 먹고 싶다고 하잖아. 여기서 먹어야 여러 가지 피지 음식을 맛볼 수 있다고 덧붙이면서. 손님 대접을 하고 싶었던 모양이야. 잠시 우기다가 간신히 자리에 앉았는데 겐지 상이 "여기가 피지에서 제일 좋은 호텔입니다"라고 한국말을 해서 얼마나 놀랐는지. 2년 전 겐지 부부가 수에미와 한국을 방문했을 때, 나는 저녁식사를 대접하고 우리 집에서 자라고 했어. 그때 이후로 한국말을 배우려고 생각했대. 그래서 시간 날 때마다 혼자 한국어 공부를 했다는 거야.

맛있는 식사를 마치고 겐지 상의 아이들이 다니는 초등학교에 갔어. 여기를 방문한 목적 가운데 하나가 피지의 초등학교에 가는 것이었으니까. 교장선생님은 한국에서 온 초등학교 교사를 귀빈처럼 대해주셨어. 교실을 하나하나 돌며 안내해주셨을 뿐 아니라 수업 중인데 사진 찍는 것까지 허락하셨어. 친절한 교장선생

▲ 피지의 초등학교 교실 풍경

님, 진지하게 수업에 임하는 선생님과 아이들의 따뜻한 눈, 그 모든 걸 아직도 잊을 수가 없구나.

칠판에는 영어 필기체가 쓰여 있었어. 겐지 상 아들의 공책을 펴자 거기도 질문부터 대답까지 필기체가 쓰여 있었어. 심지어 독후감도 필기체로 썼더라. 과거 우리가 선진국이 되기 위해 달린 것처럼, 이제 개발도상국들도 달리기를 시작하는구나하는 생각이 들었어. 그들이 곧 우리를 따라잡을 거란 두려움도 들었고. 그들에게 뒤지지 않으려면 우리가, 우리 교사들이 아이들을 강하게 키워야 할 텐데.

나중에 한국으로 돌아와 우리 아이들에게도 필기체를 가르쳤어. 지금은 우리 반 서른 네 명 가운데 서른 명, 그러니까 대부분의 아이들이 필기체로 쓴 영문을 읽을 수 있어. 정확하게 쓸 수 있는 아이들도 스물다섯 명 정도 되고.

학교에서 돌아와 시장을 구경하려고 겐지 상의 부인인 미찌꼬 상을 따라나섰어. 배추와 칠레고추, 과일을 샀어. 미찌꼬 상은 우리를 위해 저녁식사를 준비하고 그 사이 나는 김치를 담갔어. 굵은 소금이 없어 가루소금으로 대신하고 고춧가루가 없어서 칠레고춧가루로 담근 그 김치는 그들에게 어떤 맛이었을까.

다음날 이른 아침 겐지 부부와 아쉬운 작별을 하고 섬으로 돌아왔어. 돌아오는 길에는 투어리스트 버스를 탔어. 창문도 있고 커튼도 있고, 갈 때와 비교하면 아주 편안해서 즐겁고 감사한 마음으로 남국의 경치를 즐길 수 있었지.

한 시쯤 휴양지에 도착해 수영을 하며 휴가다운 휴가를 즐겼어. 어쩌면 이런 것이 진정한 휴가 아닐까. 인터넷도 전화도 없이 내가 쉬고 싶은 곳에서 쉴 수 있는 것. 함께 간 친구는 물이 무서워 해변에만 있고 나만 허리 깊이까지 물이 올라오는 곳에 들어가 어린 시절에 배웠던 개구리헤엄으로 한껏 즐겼지. 바다에는 우리 둘뿐이었는데 전날처럼 수영 가디언이 보트를 띄우고 내 주변을 맴돌았어. 웬 나이 든 한국 아주머니들이? 생각하며 의아해 했을지도. 하하.

우리나라의 패키지여행은 대부분 여자들끼리 간대. 부부끼리 간다고 해도 둘만 가는 게 아니라 다른 팀하고 같이 가는 경우가 많대. 하긴 나 역시 이 나이에 남편과 둘이 이 섬에 왔다면 친구인 듯 연인인 듯 휴가를 보냈을까. 친구랑 보내는 지금 이 시간처럼 자유로웠을까.

어쩌면 너무 오랫동안 남편들이 아내에게 투자하지 않았던 건 아닐지. 남자는 여자를 참아야 하는 존재로 인식하는 게 아닐지. 함께 외출을 해도 집에서처럼 남편만 대접받기를 바라고 아내를 돕지 않는 건 지극히 당연하게 여기는 게 아닐지. 그리고 밖에 나와서까지 잔소리를 한다고 귀찮게 여기는 건 아닐지. 이런 게 유독 내 지인과 그들의 남편 사이에서만 있는 일은 아닌 것 같아. 요즈음은 많이 달라졌지만 뿌리 깊은 남성우월주의가 하루아침에 사라지진 않잖아. 그리고 남성들이 만든 그 사상은 남성의 편에서 보면 항상 옳고 편했으니까.

언제부터 우리나라의 황혼이혼이 이렇게 늘었을까. 많은 어머니들이 행여 자식의 앞날을 그르칠까봐 몇 십 년을 죽은 듯이 살다가, '늙어서까지 이렇게 살아야 하나, 차라리 맘 편하게 혼자 살지' 그러는 건 아닐까. 외국인 노부부가 손잡고 여행 다니는 걸 보면 얼마나 부러운지 몰라. 우리는 같이 여행 다니면 어색하고 말다툼하면서 오히려 불편해지는데. 이국의 버스에서 아내의 발을 자신의 무릎에 올려놓고 주물러주는 남편을 봤어. 그 외국인 부부를 보면서 느낀 부러움은 남성우월주의의 끈을 놓지 않은 대한민국 남자들에 대한 반발이었을까.

이런 일도 있었어. 피지에 있는 동안 아들을 뉴질랜드 어학원에 데려다줬어. 제대하고 복학하기까지 석 달 가량의 시간이 남아서, 그동안 세상 구경하면서 많은 걸 깨달아보라고. 아들이 어학원에 있는 사이 나는 홈스테이로 가서 아들의 여행 가방을 내려놓았는데 아차, 작은 가방 하나가 없는 거야. 늘 덤벙거리며 물건 하나 제대로 못 챙기는 나. 이 일을 또 어쩌나 싶었지.

"뭐가 들어있는데?"

함께 간 말콤이 물었어.

"그게…… 여권, 주민등록증, 제대증, 휴대폰 같은 거……."

"신분을 증명할 수 있는 건 다 들어있네?"

말콤은 그렇게 말하더니 "걱정 마, 여긴 뉴질랜드야"라고 일축했어.

언젠가 뉴질랜드에서 현찰 200불이 든 지갑을 택시에 놓고 내렸어. 그날은 까맣게 몰랐는데 다음날 햄버거를 사 먹으러 갔다가 그제야 지갑이 없는 걸 알고 아차, 했지. 택시회사에 전화를 하고 얼마 되지 않아 전날의 택시기사가 지갑을 들고 찾아왔더라고.

가방을 찾을 길이 요원해 휴양지로 돌아와 무작정 기다리기로 했어. 그날 저녁식사를 하는데 호텔 매니저가 전화를 받으라고 하더라. 웬일인가 했는데, 아들의 여권을 찾았으니 신경 쓰지 말고 쉬다 오라는 전화였어. 홈스테이 가는 길에 샌드위치를 사 먹었는데 그 식당에 두고 왔다는 거야. 식당주인이 가방을 발견하고 열어보니 한국여권이 있더래. 그래서 오클랜드 한국대사관으로 전화를 하고 주소를 물어 부쳐준 거야. 그때의 기분이란.

가방을 찾았다는 말에 마음이 편해져서 그 작은 섬에서 즐길 수 있는 음식을 마음껏 먹었어. 친구는 소고기밖에 안 먹는다고 하더라. 하지만 어차피 사람 먹는 음식인데, 뭐. 세상은 상대적이지. 우리가 다른 나라 음식을 싫어하면 그들도 우리나라 음식을 멀리 하기는 마찬가지 아니겠어. 나는 친구에게 소고기로 만든 거라고 거짓말을 해가며 피지 음식을 주문했어. 지금 생각하면 아무것도 모르고 먹어준 친구에게 미안하기도 해.

말이 나온 김에 음식 이야기 좀 할까. 여행을 다니면서 굳이 우리나라 음식을 가지고 다니는 사람을 보면 그 사람이 한심한 건지 내가 한심한 건지 모르겠어. 시간 날 때마다 잠깐씩 하는 세상 구경, 외국 음식을 먹어보는 것도 나쁘지 않은 것 같은데 말이야.

이집트에 패키지투어를 갔을 때 소풍 가는 아이들 마냥 김치, 멸치, 고추장, 김 같은 음식을 싸서 다니는 우리나라 여행객들을 봤어. 이집트 특별식을 먹는 일정이 있어서 가이드가 아주 비싼 식당에 데려갔는데, 각자 자기들이 싸온 한국음식을 내놓는 거야. 그날 메뉴는 닭고기에 토마토를 넣어 만든 요리였어. 나는 괜찮았는데 다른 사람들은 느끼해서 안 먹겠다고 하더라. 이집트 종업원들이 친절하게 가져다준 음식을 마다하고 컵라면을 먹겠다고 뜨거운 물을 달라는 사람, 가지고 온 반찬을 한 상 가득 꺼내는 사람……. 그들을 보면서 나는 부끄러운 마음을 감출 수가 없었어.

김치 냄새를 끔찍하게 싫어하는 외국인을 만난 적이 있어. 지금은 나도 청국장을 좋아하지만 어렸을 때 엄마가 아랫목에 띄우던 그 청국장 냄새가 얼마나 싫었는지 생각하니, 그 외국인이 이해되더라. 청국장 냄새가 부끄러워서 누가 우리 집에 놀러올까 두려웠던 기억. 그러니 한 번도 맡아보지 못한 김치 냄새가 그 사람들에게 뭐 그리 좋겠어.

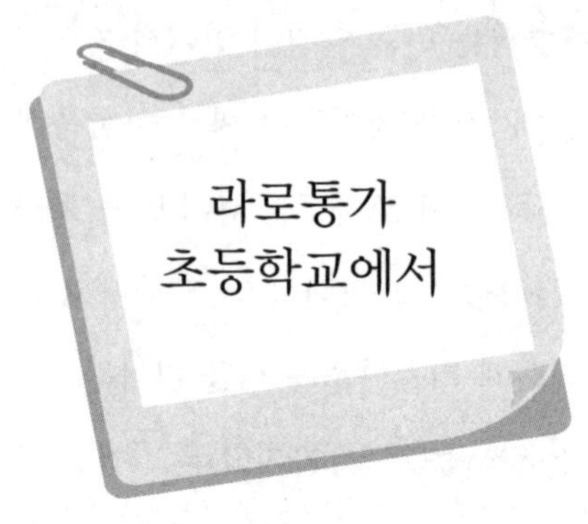

라로통가 초등학교에서

다음날은 쿡아일랜드 제도에 가기로 했어. 뉴질랜드 령인 이 제도는 여러 개의 작은 섬으로 이루어져 있어. 우리가 갈 라로통가는 너무 작은 섬이라 피지에서 바로 가는 비행기가 일주일에 두 번밖에 없대. 우리는 뉴질랜드 오클랜드에 가서 라로통가로 가는 비행기를 타기로 계획했지. 새벽에 피지에서 출발해 열 시 비행기를 타고 네 시간 후 오클랜드 공항에 내렸어. 공항에서 두 시간 정도 기다려 오후 네 시 비행기를 타고 라로통가에 도착했을 때는 저녁 여덟 시. 그날은 일요일이었는데 하루 종일 비행기만 탄 거야. 평생 새벽기도 한 번 빠진 적 없는 내 친구는 주일에 교회 못 간 게 처음이래. 마중 나온 호텔가이드가 꽃목걸이를 걸어주며 환영했어. 피지에서 걸어준 조개목걸이가 생각나더라.

그날 호텔매니저와 다음날 관광 스케줄에 대해 의논하다가 알게 되었는데, 진짜 일요일은 다음날이었어. 날짜변경선이 쿡 제도에서 바뀌니까 다시 일요일이 된 거지. 교회에 갈 수 있게 된 친구는 정말 좋으신 하나님이라고 얼마나 기뻐하는지.

호텔매니저가 라로통가 운전면허 있냐고 묻더라. 없다고 하자 라로통가에서는 옆에 경찰을 태우고 운전해서 경찰이 "OK" 하면 그걸로 면허 취득이 된대. 그러면 그 섬에 있는 동안 렌터카를 몰 수 있지. 다음날 할 일은 교회에 가는 것밖에 없었어.

아침 열 시에 프론트로 나오면 교회에 데려다주겠다고 해서, 시간에 맞춰 호텔 투숙객들이 로비에 모였어. 차로 5분 정도 걸리는 거리에 교회가 있었어. 남녀 모두 흰 정장에 하얀 모자까지 쓰고 예배를 드리는데 뭐랄까, 성스러운 분위기 속에서 내가 한없이 작아지는 느낌이었어. 교회 앞마당과 뒷마당에는 아름다운 문구와 함께 돌무덤이 즐비했어. 그 교회를 만들고 지켜나간 목사님들과 가족들의 묘래. 어딜 가나 묘지는 참 아름다운 것 같아. 아쉽게도 우리나라는 묘지가 멀지.

예배가 끝나고 교회에 모인 사람들 모두 옆 건물에 차려놓은 음식을 먹었어. 내가 좋아하는 열대과일 망고, 별 모양의 스타 플루우트, 여러 가지 빵과 케이크로 점심을 대접받았어. 오스트리아 비엔나 근교에 산다는 한 부부와 사진도 찍었어. 오스트리아인과

▲ 쿡아일랜드 해변

사진 찍는 건 처음이라고 말해줬어.

교회에서 돌아와서는 오후 내내 해변을 걸으며 놀았어. 피지처럼 모든 호텔이 해변 옆에 있었어. 우리 여름에 놀러 가면 해변에 텐트 치잖아. 이곳은 호텔과 바다의 거리가 그만큼 가까워. 조개를 주우러 맨발로 바닷가에 나갔어. 내가 뭘 주웠는지 너는 상상도 못할 거야. 세상에, 산호가 그대로 돌이 되어 해변에 끝도 없이 펼쳐져 있는 거야. 얼마나 예쁜지, 얼마나 놀라웠는지. 백색 돌 위에 꽃무늬가 된 산호, 나뭇잎 무늬가 된 산호……. 그것은 형언할 수 없이 아름다운 자연의 무늬였어. 해변 전체가 온통 그 하얀색의 산호 돌로 뒤덮여 있었어. 간간이 조개도 눈에 띄었는데 우리나라 조개와 모양이 달라 독특해 보였어. 우리는 하루 종일 산호와 조개를 주우며 지루한 줄도 몰랐어. 나중에 관광할 때 어떤 교회 옆을 지나는데 가이드가 말하길, 그 교회는 산호 돌로 지은 세계 최초의 건물이래. 산호랑 석회를 섞어서 지었다고.

너무 예쁜 산호 돌과 조개를 잔뜩 주워서 호텔로 돌아왔어. 호텔매니저에게 '너무 예쁘다! 가져가고 싶은데 괜찮냐' 물었더니 라로통가 공항에서는 괜찮은데 오클랜드 공항에서 문제가 될 거래. 하긴 오클랜드 공항이 좀 그래. 음식물 반입, 조개류, 그런 것에 까다로울 만큼 신경을 쓰거든. 말콤의 가족이 좋아하는 김과 라면을 가져가다가 짐을 다 풀어헤치고 설명한 게 몇 번인지 몰라. 옷 속에 숨겨가라는 매니저의 말을 듣고 '그래, 일단은 방에다 가져다 놓고 그중에서 몇 개만 골라야지' 생각했어.

방으로 돌아와 몸을 뉘자 피로가 한꺼번에 몰려왔어. 하루 종일 조금씩 다른 영어 발음을 듣는 건 긴장되는 일이거든. 말하자면 우리는 콩글리시, 일본은 쟁글리시, 홍콩은 홍글리시, 싱가포르는 싱글리시……. 낯선 곳에 내려 제각기 독특한 그 발음들을 듣고 이해하려면 몇 시간은 꼬박 신경이 곤두선 상태로 지내야 해. 그래서인지 저녁을 먹고 나자 잠이 쏟아졌어.

일기를 쓰고 잔다는 친구가 불을 끄고 얼마나 지났을까, 꿈인가 했는데 뭔가 바스락거리는 소리가 들리는 거야. 가방을 둔 자리에서 무슨 소리가 난다는 친구의 말을 흘려들었어. 이 단잠에서 깨고 싶지 않다는 생각만 간절했거든.

그런데 문득 낮에 창가에서 본 손가락 길이만한 도마뱀이 떠오르는 거야. 그 녀석이 방으로 들어온 게 아닐까. 친구가 조심스레 다가가서 가방 뚜껑을 확 젖혔는데, 세상에! 해변에서 주워온 골뱅이조개 속에 소라고둥이 숨어있었던 거야. 바닷가의 강렬한 햇빛 아래 바싹 말라있던 조개, 그 안에서 소라고둥은 어떻게 견딘 걸까. 한편 독특한 모양이라며 친구 두 개, 나 두 개, 주워왔던 네 개의 골뱅이조개 속에는 네 마리의 게가 들어있었어. 깜깜해지니까 안전한 줄 알고 기어 나왔나봐.

비닐에 싸두었던 친구의 조개에서 나온 게들은 비닐 속에서 바스락거리고, 테이블에 올려놓았던 내 조개에서 나온 게들은 테이블에서 떨어져 바닥을 기어 다니고. 그 광경을 어떻게 표현할까. 목욕탕 세면대에 물을 틀고 녀석들을 넣어줬더니, 제 세상을 만난 것처럼 꼬물꼬물 기어 다니더라.

다음날 일어나자마자 바닷가로 가서 놓아줬어. 바다로 돌아간 그 녀석들은 친구에게 뭐라고 이야기했을까. 비닐봉지 속에 갇혔던 느낌, 낯선 사람들에게 잡혀있던 소감을. 낯선 피부색을 가진 인간들을 만났다고, 모래가 아닌 어떤 곳에 갇혀있었는데 오르려고 할수록 미끄러지는 이상한 곳이었다고, 그곳에서 희한한 물맛도 봤다고 했을지 모르지.

다음날은 산에 가기로 했어. 호텔매니저를 통해 관광회사에 연락했더니 관광버스가 호텔 앞까지 와서 아홉 시에 출발했어. 이곳에서 가장 높은 산은 653미터, 크고 작은 아홉 개의 산은 우리나라의 봉우리 수준이야. 여기 산에서 나는 풀은 거의 약용이래. 뱀을 비롯해 사람들한테 위험을 끼치는 동물이 하나도 없어서 숲에 들어가도 안전하대. 그날 우리가 간 곳은 성지라 들어갈 수 있는 날이 정해져 있는데, 운 좋게도 우리가 간 날이 관광이 가능한 날이었어.

노니주스라는 특산물은 피지와 이곳 그리고 하와이에서만 나는데 혈압, 당뇨, 혈액순환, 노화방지까지 거의 만병통치약이야. 이곳에는 암환자가 없는데 노니주스를 먹어서 그렇다는 말도 있어. 맛은 무척 쓰더라. 한약과 비슷하다고 해야 하나? 설명하기가 애매하다. 노노라는 나무열매가 익으면 하얗게 변하는데, 그것을 통에 넣고 3개월을 숙성하면 노니주스가 된대. 부탁하는 걸 미안해해서 뭘 해달라는 법이 없는 수에미지만, 노니주스만은 꼭 사다달라고 해서 피지 공항에서 두 병을 샀어.

가이드가 산 아래 아늑한 집을 가리키며 감옥이래. 현재 죄수가 열두 명인데 대부분 6개월 형이래. 복역하고 나오면 60불을 주는데, 출소하는 날 그 돈으로 몽땅 술을 마셔버리고 다시 들어간대. 감옥이라고 하지만 텔레비전 볼 수 있고, 하루 세 끼 먹여주고, 한 달에 한 번 소풍 비슷하게 외출하고……. 결국 그 이야기는 그들의 죄가 가볍다는 거지. 무서운 범죄를 저지르는 사람이 없다는 뜻이기도 하고. 그 사람들이 얼마나 순수해 보였는지. 그 옛날 어렵게 살던 시절에는 우리 사회도 지금처럼 삭막하거나 위험하지 않았는데.

40불, 그러니까 우리 돈으로 2만 4000원짜리 여행이었는데, 가이드 설명 들으면서 세 시간 삼십 분 정도 돌았나봐. 산 정상에 도착해 야자수 잎으로 만든 모자, 가방, 부채, 접시, 바구니를 봤어. 예전에 우리나라에 초가집이 많았을 때 지붕에 이엉을 덮었던 것처럼, 여기에도 처마 아래에 야자수 잎으로 비슷한 것을 둘렀더라. 그게 7년 정도 간대. 우리는 매해 새로 갈아 덮었던 것 같은데.

자리를 펴고 샌드위치, 케이크, 쿡아일랜드 과일에 각종 주스까지, 풍성한 점심을 먹었어. 정상에 서니 섬 전체가 한눈에 보이더라. 어린왕자의 작은 별이 따로 없었어. 쿡아일랜드의 전체 인구는 1만 4000명인데, 이 라로통가에 7000명이 산대. 차가 필요 없을 만큼 작은 섬이니 대부분의 사람들이 오토바이로 섬을 도는 것도 이해가 돼. 부부나 연인이 관광을 오면 호텔에 비치된 오토

바이를 타고 섬을 돌아. 그렇게 몇 시간이면 섬 전체 관광이 끝나지. 우리가 신청한 버스 관광은 모두 아홉 명, 섬을 한 바퀴 돌고 산을 올라 정상에서 점심을 먹고 호텔로 돌아온 시간이 한 시 삼십 분. 짧은 관광은 그렇게 끝났어.

오후엔 친구와 시내에 갔어. 관광객을 주 고객으로 하는 가게가 한 줄로 쭉 늘어서 있었어. 스무 개? 혹은 서른 개쯤 되려나? 슈퍼마켓에서 저녁 지을 반찬거리를 샀어. 호텔이 콘도식이라 방마다 주방기기가 갖춰져 있거든. 나간 김에 가게에서 선물도 좀 샀지.

버스를 타려다가 피지에서 오클랜드로 가는 비행기를 탔을 때 옆 좌석에 앉았던 사람을 만났어. 개성 있게 생긴 얼굴이라 금방 기억해냈어. 창가에 앉아있던 그에게 스튜어디스가 준 밥을 건넸더니, 고맙다고 하면서 어느 나라에서 왔는지 물었어. 한국이라고 했더니 한국말로 "감사합니다" 대답하는 거야. 한국에 온 적이 있냐고 했더니 자기는 언어를 사랑한대. 그래서 간단하게나마 할 줄 아는 언어가 백 개 정도 된다는 거야. 우리는 평생 영어 하나로 이렇게 헤매는데 이 사람들은 우리와 다른 언어 감각이 있는 것 아닐까. 오클랜드에 내려서 작별인사도 못하고 헤어졌는데 이 섬에서 다시 만나다니. 불교에서 말하는 인연이 정말 있는 걸까. 하지만 그보다는 이 섬이 작기 때문일 거야. 어딜 가나 아까 만났던 사람을 또 만나고 또 만나고 하니까.

이곳에서는 버스를 탈 때 왕복인지 편도인지를 물어. 왕복이라 하면 노란색 표를 줘. 그 표를 가지고 시내에서 머물고 싶은 만큼 머물다가 정류장에서 그 표를 보이면 다시 버스를 타고 호텔로 돌아올 수 있어. 버스는 한 시간마다 도는데 한 번은 시계 방향, 한 번은 시계 반대 방향으로 돌아. 나처럼 방향감각이 없는 사람은 호텔이 어느 방향이었더라, 하면서 헤매게 되지. 결국 돌아가는 길에 잘못 타서 한 바퀴를 또 돌았어.

호텔로 가는 버스 안에서 우리 반 학생만한 여자아이를 봤어. 버스기사에게 다가가, 엄마랑 어디에서 만나기로 했는데 어딘지 모르겠다고 하는 거야. 가지고 있던 휴대폰을 건네며 기사가 전화를 걸어보라고 하니, 휴대폰 사용방법을 모르겠다고 했어. 옆에 있던 외국인 관광객이 그 아이가 불러주는 번호로 전화를 걸어서 엄마를 바꿔주고, 그러다 다시 기사를 바꿔주고. 얼마쯤 가다가 기사가 차를 세웠어. 그리고 아이의 손을 잡고 길 건너 교회까지 바래다줬어. 버스에서 기다리는 승객들 역시 마땅히 그래야 한다고 생각하는 것 같았고. 차가 다시 출발했어. 하교시간이었는데 기사는 버스에 타는 학생들 이름은 물론 아이들이 내리는 역까지 다 알고 있었어.

다음날 더 이상 관광할 수 있을 만큼 넓은 섬도 아니고 해서 호텔매니저에게 부탁했어. 나는 초등학교 교사인데 이곳 초등학교를 방문할 수 있겠냐고. 마침 그녀의 아들이 초등학교 4학년이래. 그날 저녁 그 학교 교장선생님에게 연락을 받았어. 내일은 중요한 손님이 오는 날인데 괜찮으면 아홉 시 삼십 분까지 학교에 오라고. 우리는 방문만 하는 거니까 문제없을 거라고 대답했어. 학교에 가는 길 호텔 앞에서 버스를 타야할지 건너편에서 타야할지 몰라 망설이다가 시내 가는 버스를 놓쳤어. 교장선생님과 약속한 시간도 있고 해서 택시를 불렀지. 5분쯤 뒤에 도착한 여자 기사는 아주 조심스럽게 운전하며, 우리가 가는 학교가 이 섬에서 가장 좋은 학교라고 말했어. 섬 전체에 택시는 여섯 대인데 두 대씩 세 곳으로 나누어져 있대. 이 섬이 얼마나 작은지 다시 한 번 실감할 수 있었어.

시간에 맞춰 학교에 도착하자 자그마한 키의 수녀님이 반겨주셨어. 그분이 교장선생님이었어. 까무잡잡한 피부를 한 인품 있어 보이는 분이었는데 원주민은 아니었어. 동양계에 가까워보였지만 차마 묻지는 못했어. 처음에는 한 학급으로 시작했는데, 현재는 215명의 학생이 공부하고 열 명의 선생님이 근무하는 이 섬에서 가장 큰 가톨릭학교가 되었대. 대부분이 마오리 학생이고 백인 학생은 10퍼센트 정도, 교장선생님을 제외한 모든 선생님들이 원주인이야. 피지, 혹은 뉴질랜드에서 대학을 졸업하고 교사가 된 분들이래. 열 시에 귀한 손님이 오신다고 전교생이 운동장에 모였어.

"저희는 신경 쓰지 말고 손님 접대하세요."

그렇게 말씀드리고 아이들 사진을 찍었어. 다섯 명의 학생이 대표로 화관을 들고 있고, 교문 앞에는 또 예쁜 아이들 세 명이 손님을 환영하기 위해 서 있고. 손님이 도착하기 전이라 아이들과 잠시 이야기를 나누었어.

"어디에서 왔어요?"

"한국에서 왔단다."

"한국? 일본인 아니에요?"

"아니, 한국. 중국과 일본 사이에 있는 나라. 아주 아름다운 나라."

"결혼했어요? 몇 살이세요?"

다들 호기심이 대단했지.

"너희들이 이 학교에서 제일 예쁘구나."

그랬더니 금방 쑥스러워 어쩔 줄 몰라 하더라. 열 시, 다섯 명의 수녀님이 도착하자 정문에서 원주민 춤인 하카로 환영 행차를 시작했어. 화관을 들고 있던 아이들이 그것을 씌워드리자 6학년 학생이 마오리 식으로 입장했어. 그 옛날, 임금님이 행차할 때 "다들 물렀거라!" 하듯이. 한 아이가 마오리어로 인사를 하며 손님들을 무대로 안내했어. 남자선생님 한 분이 대표로 환영 기도를

▲ 하카춤을 추기 위해 모인 뉴질랜드 어린이들

하고 손님들은 무대 중앙에 앉았어. 원장수녀님의 인사말이 끝나자 1학년 아동들이 열대의상을 입고 환영의 춤을 췄고 그 춤이 끝나자 5, 6학년 아이들이 마오리 춤을 췄어. 우리나라 전통무용을 선보이는 것과 비슷했어. 30여분 동안 진행된 환영식이 끝나고 교실에서 다과회가 있었어. 그동안에도 우리는 사진을 찍느라 바빴어. 다과회장에서 손님들이 물었어.

"어디서 왔어요?"

"한국에서 왔어요."

"우리보다 더 귀한 손님이네요."

자기들은 이 근처 섬에서 봉사하는 사람들이라며, 우리가 더 멀

▲ 하카춤을 추는 아이들

리서 왔으니 화관은 우리가 받아야 한다며 나와 친구의 머리 위에다 화관을 씌워줬어. 같이 사진 찍고 그분들에 대해 여쭤봤어. 각 주마다 수장 수녀님이 계시는데 손님들 중 한 분이 오세아니아주의 수장 수녀님이래. 얼마나 영광인지. 수장 수녀님을 보좌하기 위해 네 분의 수녀님이 함께 오신 거야. 그 가운데 한 분이 타일랜드에서 오신 슐라 수녀님이야. 동심의 얼굴이 저런 낯이구나 싶었어. 슐라 수녀님은 우리를 보고 같은 동양인이라고 반가워했어. 호주에서 수장 수녀님을 모시고 온 어느 수녀님은 한국인과 사진 찍기는 처음이라고 했어. 내가 전날 교회에서 오스트리아인과 사진 찍기는 처음이라고 했듯이. 그분들과 함께 한 다과의 빵도 커피도 무척 맛있어. 그 짧은 시간 동안 얼마나 많은 이야기를 쏟아놓았는지 몰라.

우리는 다음날 새벽 다섯 시 삼십 분 비행기를 탄다고 했더니, 슐라 수녀님은 자기도 수장 수녀님을 모시고 호주로 가야한다며 같은 비행기를 탄다고 좋아했어. 같이 간 친구를 피아노 선생님이라고 소개했더니 그 수녀님은 "피아노 잘 치는 사람이 너무 부럽다"고 말씀하셨어. 친구가 "영어를 잘 못해서 부끄럽다" 했더니, "피아노를 손가락으로 치지 입으로 치는 게 아니지 않냐, 피아노를 치기가 얼마나 어렵냐?"고 대답하셨어. 여행 내내 영어 때문에 스트레스를 받아온 친구에게 그 말이 얼마나 자부심을 줬는지 몰라. 다음날 아침에 만나기로 약속하고 그분들이 돌아가신 뒤, 다과회에 있던 선생님에게 수업을 좀 봐도 되겠냐고 했더니 흔쾌히 승낙하셨어.

우리 노래에 나오는 '학교 종이 땡땡땡', 그게 그 학교에 있었어. 선생님이 땡땡 치기도 하고 학생이 땡땡 치기도 하고. 오래 전 내가 다니던 초등학교에서 봤던 그 학교 종을 2006년 이 디지털 시대에, 그것도 남태평양 한 가운데, 지도 위에서도 찾기 힘든 작은 섬의 초등학교에서 보다니.

우리가 들어갔을 때는 영어 시간이었어. 스물두 명의 학생들이 네 그룹으로 나누어 수준별 수업을 하고 있었어. 최상위 그룹은 제법 두꺼운 영문 동화책을 읽고 선생님이 내는 질문에 정답을 적어나갔어. 우리나라 국어수업과 비슷해. 본문을 읽고 내용에 대해 묻고 대답하기. 그 아래 그룹은 동화책에 나온 동물그림을 찾아서 맞추는 거야. 퍼즐로 가로 세로 동물 이름을 맞춰가며 정확한 단어를 익히는 거지. 세 번째 그룹은 그림일기처럼 생긴 얇은 책을 읽고 짧은 물음에 답하고, 세 명으로 이루어진 마지막 그룹은 선생님을 따라 알파벳 읽기를 배우고 있었어.

모두 각자의 그룹 안에서 열심히 배우는 모습을 보면서 과연 내가 가르치는 4학년이 이런 수준까지 갈 수 있을까, 생각했어. 우리 반 서른네 명 모두 이렇게 조용한 가운데 수준별 수업을 할 수 있을까, 내가 이렇게 수준별로 수업을 이끌어 가면 얼마나 많은 아이들이 또 학원에 등록할까, 그런 생각도 하고.

그곳 선생님에게 우리나라에서는 이렇게 수준별 수업을 하기가 쉽지 않다고 했더니 자기들도 영어수업만 이렇게 하고 다른 수업은 다 같이 한대. 그러면서 작년에 한국인 학생 두 명이 이 학교에 다녔는데 수학을 정말 잘하더라, 어쩌면 그렇게 수학을 잘할 수 있냐고 묻더라. 수학을 하는 방식으로 교육시키면 영어 수업도 가능하지 않을까 하는 생각이 들었어.

한 시간의 수업 참관이 끝나고 점심시간이 되었어. 그만 가봐야겠다고 교장실 들러서 인사하고 4학년 담임선생님에게도 작별

인사를 했어. 헤어질 때 선생님의 눈에 눈물이 맺혔어. 내가 잘못 본 것일까. 이들과는 이제 평생 다시 만날 기회가 없겠지. 내가 늘 우리 아이들에게 말하는 것처럼.

"4학년이란 시간은 너희 평생에 두 번 다시 돌아오지 않는단다. 돌아오지 않을 1년을 아무것도 배운 것 없이 낭비해서는 안 돼."

그 말은 나 자신에게 하는 말이기도 해. 이 아이들의 일생 가운데 1년이란 시간을 내가 가꾸어야 한다는 책임감.

학교가 시내 옆이라 찻집에 들렀어. 그곳에서 같은 호텔에 머무는 사람들을 만났어. 우리처럼 친구끼리 다니는 관광객이었지. 한 사람은 예순 살이고 다른 사람은 예순다섯 살이라는데 참, 서양인들의 나이는 그냥 봐선 알 수가 없다니까. 아이스크림 집에서 합석해서 이런저런 여행 이야기를 했어. 그 친구들은 통가에 들렀다 여기로 왔대. 사실 우리도 여기 오기 전에 통가에 가고 싶었는데 여권 만기가 3개월밖에 안 남은 탓에 입국 불허가 되었거든. 그 이야기를 하면서 통가가 어떠냐고 했더니 "어느 곳이나 좋은 점과 나쁜 점이 공존한다, 어디에나 좋은 사람과 나쁜 사람이 있다, 우리는 통가 수도가 아니라 작은 도시에 머물렀다"고 대답하며 그곳에서 겪은 일을 말해줬어.

원래는 친구가 세 명이었대. 길을 걷는데 한 통가 인이 한 친구의 머리를 주먹으로 세게 때렸고, 너무 놀라서 경황이 없는 사이 친구의 가방을 들고 달아나버렸다고. 현찰이나 여권처럼 여행에 필요한 건 그 안에 다 있었는데, 그 통가인은 도망쳐버리고 경찰이 다가와 병원으로 데려다줬대. 친구는 계속해서 어지럼증을 느꼈고 병원에 있다가 바로 미국으로 돌아갔대.

통가에 대해 나쁜 기억만 가득했는데 다음날 어느 초등학교 옆을 지나게 되었대. 아름다운 합창 소리가 들려서 들어가 봤더니 그날이 교내 합창경연대회를 하는 날이었단다. 아름다운 목소리에 이끌려왔다고 했더니 심사위원이 되어달라고 했고, 그들은 즐거운 마음으로 그 청을 받아들였어. 그 전엔 교회에 갔는데 성가대의 노래가 자연스레 4부합창이 되더래. 그 소리가 얼마나 청아한지 깜짝 놀랐는데, 초등학교 때부터 그렇게 합창을 해서 아름다운 소리가 나오는 것 같더래. 초등학교 시절부터 시작되는 합창 교육. 그 나라의 특색 있는 교육일까? 아니면 아름다운 선율을 마음속에 담으려는 인간의 순수한 마음일까?

시장 볼 일도 있고 해서 저녁에 호텔에서 만나자고 하고 그들과 헤어졌어. 이번에는 시계방향으로, 제대로 버스를 타고 호텔로 돌아왔어. 떠날 채비를 대충 해두고 바닷가에 나가서 예의 그 아름다운 산호 돌을 주웠어. 정말 시간 가는 줄 모르겠더라.

잔뜩 가져가서 우리 아이들에게 보여주고 싶었지만 자연보호를 저촉했다고 오클랜드 공항에서 제지당할 생각, 그렇게 대한민국 초등학교 교사들 얼굴에 먹칠할 생각을 하니 도저히 그럴 수가 없었어. 그래도 다 버리지는 못하고 화석이나 바다 생물에 대해 가르칠 때 보여주려고 작은 주머니에 아주 소량만 챙겼어. 나중에 오클랜드 공항에서 잘 통과했지.

저녁을 먹고 미국인 친구들을 만나러 호텔 식당으로 내려갔어. 내 친구는 일기를 쓴다고 그냥 방에 있고. 식당에 갔더니 벌써 와서 식사를 주문해놓고 기다리고 있더라. 얼마나 반가워하던지. 다음날 새벽 다섯 시 비행기라 두 시 반에는 일어나야 했어. 세 시까지는 공항에 나가야 하니까. 잠깐 이야기하고 일어나려 했는데 아마 네 시간 정도를 쉬지도 않고 떠들었나봐. 그래, 토론문화. 외딴 섬에서 낯선 사람을 만나도 무궁무진 이야기를 이어나갈 줄 아는 기술을 그들은 어떻게 배운 걸까. 학교에서 일상적으로 하는 토론이 대화의 기술을 만들어주는 건 아닐까. 우리의 이야기는 시간이 지날수록 주제가 깊어졌어.

"미국에 대해서 어떻게 생각하느냐?"

"사실 우리 세대는 한국전쟁 때 미국이 도와준 것을 무척 고마워하고 있다. 하지만 요즈음 젊은 세대는 글쎄……. 생각이 좀 다르지 않을까 싶다."

사회시간이 되면 나는 6•25전쟁 때 우리를 도와준 나라들에 대해 이야기하곤 해. 우리 집이 어려울 때 이웃에서 도와준 것도 두고두고 고마워해야 할 일인데, 하물며 그 젊은 군인들이 우리 나라에 와서 흘린 그 피에 대해 얼마나 고마워해야 하냐고. 이제와 우리가 그 은혜를 저버린다면 그야말로 은혜를 원수로 갚는 꼴이 되지 않겠냐고. 나는 미국인 친구들에게 전쟁에 관한 내 생각을 말했어.

"그때 우리를 도와준 것은 정말 감사한다. 하지만 지금 이라크전은 원하지 않는다. 전 세계의 어느 누구도 전쟁을 원하지 않을 것이다. 나는 진정으로 평화를 원한다."

그러면서 내가 미국에 대해 이해하게 된 건 마크 트웨인 덕분이라고 이야기했어. 〈톰 소여의 모험〉을 읽으면서 미시시피와 개척정신을 알았고, 〈허클베리 핀의 모험〉과 〈톰 할아버지의 오두막〉을 읽으면서 노예제도의 불합리를 알았다고. 흑인들의 역사는 우리와 다른 부분에서 또 얼마나 비극적이니.

"마크 트웨인의 또 다른 작품, 〈Jumping frog〉를 알고 있나?"

"들어본 적 없다."

미국인 친구의 이야기에 의하면 그 책의 배경이 된 지역에서는 그 책을 기념하기 위해 해마다 개구리 점프대회를 연대. 선을 긋고 훈련시킨 개구리를 출발선에 놓아. 경기가 시작되면 세 번 점프한 길이를 자로 재서 가장 멀리 뛴 개구리가 우승하는 거야.

미국인 친구는 어느 해 그 지방을 지나다가 우연히 그 대회를 보게 되었대. 한 개구리는 시작과 동시에 앞으로 세 번을 뛰는데, 또 다른 개구리는 앞으로 한 번 옆으로 한 번 다시 출발선 쪽으로 한 번을 뛰더래. 출발선에서부터 거리를 재는데 그렇게 뛰었으니 얼마나 짧은 거리겠어. 가장 웃긴 건 세 번째 개구리인데, 제자리에서 세 번을 팔짝팔짝 뛰더라는 거야. 주인은 속상해서 개구리 등을 찰싹찰싹 때리고.

그 이야기가 얼마나 재미있던지, 나중에 수에미에게 그 이야기를 했더니 자기 남편은 1번 개구리라 자꾸 발전하는데 자기는 3번 개구리라 매일 제자리에서만 뛰는가 보다고 하더라. 그때도 그렇고 한국에 와서도 그렇고, 나는 그 이야기가 너무 재미있어서 개구리 점프대회 생각을 하면서 한참을 실실거렸는데, 다른 친구는 그게 뭐가 재미있는지 모르겠다고 해서 나만 재미있나 생각하기도 했어.

미국인 친구들과 시간 가는 줄 모르고 이야기를 나눴는데도 대화는 끝이 나지 않았어. 한 친구가 방으로 돌아가 카메라를 가져왔어. 우리는 다함께 사진을 찍었지. 그리고 인디언이 직접 그린 무늬가 있는 조롱박 모양의 예쁜 열쇠고리를 줬어. 미국에서 가지고 온 건데 정말 예쁘다면서. 나는 줄 게 없어서 미안했어.

서로 주소를 주고받으면서 우리는 내일 돌아가야 한다고 했더니 그 친구들은 그곳에서 며칠 더 머무를 거래. 얼마나 부러운지.

이곳에서는 해변의 긴 벤치에 가만히 앉아 있거나 하는 일 없이 바닷가를 거닐기만 해도, 하루가 꿈처럼 흘러가. 그 모든 게 영화나 광고에 나오는 장면 같아. 몇 개 안 되는 가게를 순례하는 것도 재미있고, 그래도 심심하면 초등학교에서 가서 수업을 참관하고.

아쉬운 시간을 뒤로 하고 새벽에 공항으로 갔어. 공항은 허허벌판이야. 라로통가에서 모든 비행기는 밤에 착륙해. 가이드 말이 이곳 활주로가 너무 짧아서 승객들이 낮에 보면 공포에 질린대. 둘레가 30킬로미터 정도 될까? 새벽 세 시 반, 수녀님과 공항에서 만났는데 비행기가 두 시간 연착되었다고 전해주셨어. 그분은 조금이나마 친분이 있는 한국 수녀님 여덟 분의 이름과 전화번호를 적어 오셨어. 한국 가면 꼭 안부를 전해달라면서. 나중에 한국 와서 연락해보니 여덟 분 모두 다른 곳으로 옮기셔서 한 분도 연락이 되지 않더라. 안타까웠어.

같은 아시아인이라는 이유만으로 이야기는 끝없이 계속되었어. 내가 라로통가는 작지만 아름답다고 했더니, 수녀님은 현재 살고 있는 섬 이야기를 하셨어.

나는 오클랜드에서 로투루아로 갈 때 9인승 경비행기를 탔는데, 금방이라도 바다로 거꾸러지는 것 아닌가 싶을 정도로 무서웠어. 프로펠러의 굉음이 얼마나 시끄러운지 내리고 나서도 한참 동안 귀가 윙윙거렸어. 그런데 수녀님은 그보다 훨씬 더 낡은, 그야말로 고철가게에나 있을 듯한 비행기를 타야 갈 수 있는 섬에 산대. 그 섬의 모양은 팬케이크를 닮았대. 산도 없이, 그저 동그랗기만 한 팬케이크. 수녀님 걸음으로 걸어서 네 시간이면 그 섬 한 바퀴를 다 돌 수 있다는 거야. 인구는 300명이고 섬 전체에 자동차는 두 대뿐인데 그것도 짐을 옮기는 용도로 쓰는 거래. 사진을 보내줄 테니 주소를 적어달라고 했더니 이름만 써도 누군지 알기 때문에 주소가 딱히 없대. 굳이 그 집을 가리키려면 야자수 앞에 있는 집, 야자수 사이에 있는 집, 야자수 뒤에 있는 집, 큰 나무 있는 집……, 그렇게 말하면 된다고.

쓰나미가 왔을 때는 정말 무서웠대. 산이 없어서 높은 곳으로 도망갈 수도 없었다고. 쓰나미가 오면 바다에 가라앉을 수밖에 없는 그런 섬이니까. 수녀님은 화장기 없는 깨끗한 피부를 하고 있었는데 거의 쉰 살이 가깝다고 해서 무척 놀랐어. 남태평양 가운데 있는 점 하나, 마우케 섬. 언젠가 네가 남태평양을 여행할 기회가 있다면 그 섬에 들러 타이에서 오신 슐라 수녀님을 찾아봐줘.

지난 여름방학에 내가 들른 나라와 그곳에서 만난 사람들의 이야기도 이제 끝이 나는구나.

아, 돌아오는 길 싱가포르에서의 일이 남았네. 그곳에서 이틀을 묵었어. 싱가포르는 우리나라 사람들이 많이 가는 곳이지. 너도 가봤잖아. 서울에서 예약할 때 호텔만 잡아두었기 때문에 관광 코스는 우리가 선택해야 했어. 싱가포르에서는 싱글리시를 들어야하는 부담이 있지. 공항에서 호텔까지 택시를 탔는데 택시기사 묻기를 "싱가포르, 뻐스뜨 따임?" 이래. "뭐라고요?" 세 번이나 되물어서 겨우 알아들었어. 호텔에서는 에어컨이 너무 세게 나오는데 끄는 법을 알 수 없어서 로비에 전화를 했더니 "따임떼이블 옆" 이래. 다음날 현지가이드 말을 알아듣느라 조금 고생하긴 했지만, 큰 불편 없이 만족스러운 여행을 했어. 싱가포르 시내 깨끗한 것, 관광지로 손색없이 꾸며놓은 것, 너도 알고 있지?

한 달의 일정은 그렇게 끝났어. 인천공항에 도착하고 다음날 학교 일직하면서 일상으로 돌아왔어. 두 달 뒤 라로통가 학교에서 찍은 사진들을 보내줬는데 교장선생님으로부터 고맙다고 답장이 왔어. 그 사진들을 모두 학교 입구에 붙여놓았대. 학교 앞에 붙어있을 그 사진들 보러 다시 한 번 가고 싶다. 교장선생님이 말씀하시길, 내가 실물보다 사진이 더 예쁘다고 했으니.

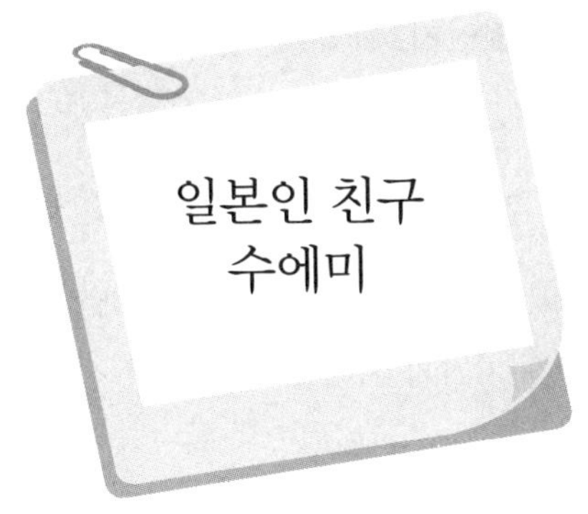

너한테 일본인 친구 수에미에 관해 이야기한 적 있었지? 말콤 부인 말이야. 10년 전쯤, 말콤의 가족이 한국에 살았을 때 나는 그의 부인이 일본인이라는 사실을 알게 되었어.

일제강점기에 관해 가르칠 때 나는 우리 아이들에게 그런 이야기를 해. 우리 몸의 70퍼센트가 물로 이루어져 있다는 사실을 알아내기 위해 얼마나 많은 한국인이 인체실험에 동원되었는지 모른다, 내가 가장 좋아하는 시 가운데 하나인 '하늘과 바람과 별과 시'를 쓴 윤동주 시인도 인체실험으로 희생되었다. 그러면서 나는 "세상에서 제일 슬픈 눈은 나라가 없는 사람의 눈이다"라고 말해.

월남의 수많은 보트피플이 거제도에 왔을 때 우리는 그 사람들을 구제할 능력이 없었지. 그들을 취재하기 위해 취재진들이 거제도로 갔고, 나는 흑백텔레비전 속에서 그들의 모습을 봤어. 잠깐 스쳐간 그들의 눈이 얼마나 슬펐는지. 그 전에도 그 후에도 나는 그토록 슬픈 눈을 본 기억이 없어. 나는 우리 아이들한테 늘 이야기해. 이 나라를 지키기 위해 얼마나 많은 선조들이 피를 흘렸는지에 대해.

전쟁 막바지가 되자 일본은 논밭에서 일하던 남자들을 괌으로 끌고 갔어. 가는 도중 배 안에서 많은 사람들이 죽었지만 아무도 보상을 받지 못했어. 식민지 백성의 목숨은 파리 목숨과 다를 바 없지. 일본은 자기네 전쟁을 위해 그곳에서 1년 동안 비행장을 닦으라고, 그러면 쌀을 주겠다고 종이를 한 장씩 써줬어. 그 할아버지 아버지들이 얼마나 열심히 일했을까. 내가 고생하면 우리 식구가 쌀밥을 먹는다는 소망 하나만으로. 지독한 불볕더위와 싸워가며 일한 지 1년이 지나고 한국으로 돌아가는 전날 밤, 우리의 할아버지와 아버지들은 얼마나 부푼 꿈을 꾸었을까. 일본인이 준 표를 가지고 돌아가면 쌀로 바꿔 주리란 기대에 얼마나 행복했을까. 하지만 일본은 어떻게 했니? 그 밤 사람들이 잠든 건물에 석유를 뿌리고 불을 질러 5000명의 한국인들을 학살했지. 조정래의 〈아리랑〉에 나오는 이야기야.

그들의 만행, 잔학상……. 생각만 해도 참을 수 없어. 또 이 나라의 얼마나 많은 젊은이들이 총알받이가 되었는지, 얼마나 많은 부녀자들이 정신대로 희생되었는지. 단지 식민지 국민이라는 이유만으로 그 끔찍한 일들을 고스란히 당해야 했다니.

이제와 우리가 무슨 보상을 바라겠니? 독일이 600만의 유태인을 학살했다고 이스라엘에 보상한 그 어마어마한 액수의 돈, 아메리칸 인디언들의 통곡에 미국인이 배상한 천문학적인 숫자의 돈. 그런데 일본은 배상은커녕, 독도가 자기네 땅이라고 우기고 있으니 정말 할 말이 없지.

내가 우리 아이들에게 역사에 관해 설명할 때 빼놓지 않는 이야기는 그런 거야. 일본이 독립군에게 했던 그 지독한 고문, 정신대, 히로시마 폭발 이후 미국에게 엄청난 보상금을 받았음에도 우리에게는 죄가 없다며 아무것도 보상하지 않는 비열함, 임진왜란, 한일합방, 명상황후 살해, 731부대, 광개토대왕비 조작, 관동대지진 때 우리나라 사람 때문이라고 우기는 저열함……. 그러다 내가 내 화에 못 이겨 아이들 앞에서 흥분하지는 않나, 나를 달래가며 역사수업을 하지. 사람도 살지 않는 그 작은 섬을 가지고 왜 이리 싸우는지에 관해서도 말해줘. 그 땅에서부터 200해리까지 우리 영해이기 때문이다, 바다 밑에 있는 지하자원은 말할 것도 없다, 그래야 우리 어선들이 그곳까지 가서 고기잡이를 할 수 있다.

자식이 부모를 선택할 수 없듯이 국민도 자기 나라를 선택할 수 없지. 부모를 잘 만나면 좀 더 수월한 인생을 살 수 있듯이, 지도자를 잘 만나 행복한 국민이 되고 싶을 때가 왜 없겠니. 그들이 우리를 얕보지 않고서야 어떻게 감히 내 나라 땅을 뜬금없이 자기네 땅이라고 우길 수 있겠니. 우리의 희망은 배상이 아니잖아. 역사책만이라도 사실대로 써 달라는 것. 나의 얄팍한 지식만 들춰봐도 우리 민족이 얼마나 많은 침략을 받고 살아왔니. 이 땅을 지키기 위해 얼마나 많은 사람들이 젊은 나이에 피를 흘리며 죽어갔니.

내 어릴 때 기억이 어떤지 아니? 강원도 시골의 여름, 먹을 것이라곤 감자뿐이야. 감자를 캐는 하지부터 추석 햇곡식이 날 때까지, 대부분의 집은 감자로 저녁식사를 했다고 기억돼. 감자조차 못 먹는 집이 얼마나 많았는지 그나마 감자라도 배불리 먹는 집은 다행이었어. 그렇게 가난한 시골 동네에도 동냥바가지를 든 상이군인들은 끊임없이 나타났어. 다리 하나가 없는 사람, 팔 하나가 없는 사람……. 어쩐지 험상궂어 보이는 그들이 나타나면 우리가 먹지 못해도 그 바가지에 감자를 채워줘야 할 것 같았어. 어린 나는 그들이 나라를 지켰다는 생각보다 무섭다는 생각이 앞서서, 건조하려고 광 바닥에 늘어놓은 감자를 퍼다 그들에게 주곤 했어.

어린 마음에도 늘 전쟁이 일어날지 모른다는 불안감이 있었던 것 같아. 지하에 굴을 파고 숨으면 우리 식구는 살아남지 않을까, 아버지는 왜 굴을 팔 생각을 안 하실까, 그런 생각도 했고. 우리는 남의 나라를 침략해 본 적이 없는데 왜 이렇게 되었을까. 태종 때 왜구가 하도 기승을 부리니까 그때 일본을 친 적이 한 번 있긴 했지. 그럼 그때 우리가 쳐서 이긴 그 땅은 우리 땅인가? 왜 한 마디도 못하나. 왜 살기 바쁜 국민들이 궐기대회를 해야 하나.

좀 예민한 편인 둘째딸이 언젠가 그런 말을 하더라.

"엄마, 세 살고 있는 사람 너무 시끄러워. 엄마가 가서 얘기 좀 해줘."

"엄만 못해."

"왜 못해?"

"그 사람들이 우리보다 약자니까. 우리보다 강자라면 말할 수 있지. 하지만 그 사람이 우리 집에 세를 들었으면 우리가 그 사람들을 보호해야지 어떻게 떠들지도 못하게 할 수가 있어? 네가 성격을 바꿔."

그래, 어떻게 나보다 약한 사람을 이기고 살 수 있겠어? 그렇게 해서 뭐가 그리 마음 편하다고. 그 뒤로 둘째딸은 아무 말도 하지 않았어.

그렇게 일본을 적대시하는 내가 어떻게 수에미와 친구가 될 수 있겠어? 일본인이라는 한 가지 사실만으로도 친구가 될 수 없는 충분조건이 있어. 그런데 말콤이 고향으로 돌아가고 7년쯤 지난 어느 날, 내가 뉴질랜드를 방문할 일이 있었어. 형식적인 인사나마 방문해도 되겠냐고 전화를 했더니, "우리는 너무 환영합니다. 꼭 오세요" 그러더라. 그때 처음으로 수에미를 만나게 되었지. 수에미를 만나기 전 나는 참 많이 망설였어.

그런데 말콤네 집의 넓은 정원을 지나 현관으로 들어서면서 내가 마음에도 없는 인사를 하려는데, 갑자기 수에미가 허리를 90도로 구부리면서, "우리 조상들이 한국에게 나쁘게 한 점 용서를 빕니다. 정말 미안합니다"라며 정중한 태도로 사죄하는 거야. 내가 무슨 한국을 대표하는 사람처럼 사과를 받을 때의 그 얼떨떨한 기분이란. 나는 피해 당사자도 아니고 독립군도 아니고 독립군의 후손도 아닌데.

그 후 무슨 이야기 도중에 수에미가 일본인이라는 사실을 잊고, 친정아버지가 만주에 있는 일본인 약국에서 일할 때 주인에게 많이 맞았다는 이야기를 한 적이 있어. 그러자 수에미는 다시 한 번 고개를 숙이며 말했어.

"정말 죄송합니다, 일본인이 저지른 죄……."

피지에 가기 전 말콤 집에서 일주일 정도 머무르며 '대장금'을 봤어. 텔레비전을 잘 안 보는 편이라 한국에서는 한 번도 본 적이 없었는데 말이야. 수에미는 장장 54시간짜리 드라마를 CD로 구워서 가지고 있었어. 일본어판이었는데 내가 오기 전에 벌써 세 번이나 봤대. 내가 밤낮으로 그 드라마에 빠져 있으니까, 뉴질랜드 와서 한국어 공부하는 게 우습다고 농담을 하면서 또 같이 보는 거야. 홍콩 갔을 때 버스마다 대장금 포스터가 붙어 있고, 어느 식당에 갔을 때 한국에서 왔다니까 주인이 대장금을 너무 좋아한다고 해서 놀랐던 기억이 있어.

그런데 수에미는 일본어로 된 대장금 요리책까지 가지고 있고, 게다가 약밥 찌는 법을 가르쳐달라고 시루까지 사다 놓았더라고. 나도 한국에서 약밥을 쪄 본 적이 없는데 그 정성이 놀라워 시골에 사는 이모한테 국제전화를 해서 만드는 법을 전수 받았어. 시루에 밥을 찌는데 보자기 사이로 올라가는 김이 천정을 뒤덮는 바람에 화재경보기가 울리고 정신이 없었어. 그래도 어찌어찌 약밥이 돼서 그날 저녁 한국음식을 차려놓을 수가 있었어. 알고 보니 수에미는 김밥과 잡채를 잘 만들더라고. 게다가 수에미네 아이들은 김치를 무척 좋아하고. 한국에서는 귀찮아 사 먹기만 했던 김치를 뉴질랜드에서 담가주고, 피지에 사는 수에미 친구네 집에서 또 담그고.

그렇게 한국을 좋아하는 내 친구 수에미는 말콤과 뉴욕에서 만나 결혼했어. 미국에 있을 때 두 아이를 낳아서 아이들은 미국 시

민권을 가지고 있고. 한국에 와서 말콤이 고등학교 영어교사로 재직할 때 두 아이를 더 낳았는데, 셋째 아이 이름이 경자야. 왜 경자라고 지었냐고 했더니 경주에 갔을 때 너무 감동을 받았다는 거야. 불국사와 석가탑 다보탑을 보는데 자기도 모르게 눈물이 흐르더라고. 그때의 감동을 잊지 못해 '경주 경' 그리고 일본식으로 '자' 자를 넣어 경자라고 지었대. 그 이야기를 들을 때 나는 많이 부끄러웠어. 우리는 수학여행 갔을 때 끌려 다니다시피 하며 다리 아프고 힘들었던 기억밖에 없는 경주. 석굴암에 갈 때도 책에서 다 본 석굴암 하나 보자고 이 먼 길을 걸어야 하나, 생각했던 기억.

내가 미워하는 일본인은 그 옛날 역사를 조작한 사람들, 우리 조상에게 인간으로서 상상도 하지 못할 짓을 저지른 사람들, 그리고 여전히 망언을 일삼는 일본 정치인들인데, 나는 왜 일본인 모두에게 편견을 가졌던 걸까.

그 후 뉴질랜드에 올 때마다 들른 말콤과 수에미 부부의 집은 내 집만큼 편했어. 부부는 내가 먹고 싶은 것 내가 좋아하는 것을 다 알고 있을 뿐 아니라, 내가 부탁하는 일은 거절 한 번 하지 않아. 내 일이라면 만사 제쳐놓고 도와주는 고마운 친구들이야. 내가 그곳 초등학교를 방문하고 싶어 하자, 부부는 아들이 다니는 학교의 교장선생님께 전화를 해주었어. 내가 학교에 갔을 때 교

▲ 수에미 집 울타리로 떠오르는 일출

장선생님은 내가 한국의 교사 대표라도 되는 양 환대해 주었어. 한 시간도 넘게 교실을 돌며 안내를 해 줘서 마치 장학사나 되는 양 수업을 참관할 수 있었어.

그날 한 달 간 연수를 하러 온 한국의 5학년 학생 한 명이 스피치 콘테스트에 나간대. 각 학년에서 뽑힌 세 명이 참가하는데 저녁 일곱 시부터 학부모들 초청하여 시작한다고. 이런 것도 우리와 좀 다르구나 싶어서 가보기로 했지. 도착했을 때는 일곱 시가 조금 넘은 시각, 대회가 시작된 강당은 조용했고 단상에서는 초등학교 1학년 학생인 첫 번째 연사가 연설을 하고 있었어. 소리 없이 들어가 자리를 잡고는 조용히 카메라 셔터를 눌렀어. 우리

나라 학교에서는 볼 수 없는 광경이니까.

연사들은 우리가 일상에서 접할 수 있는 주제(양말, 햄버거, 엄마의 잔소리 등)를 내용으로 원고를 쓰고, 그것을 손바닥 안에 감춰서 보거나 외워서 이야기했어. 어릴 때부터 자연스럽게 토의 연습을 시키는구나 싶어서 내심 부러웠지. 두 명의 심사위원이 초빙되어 왔고, 각 반의 담임선생님이 자기 반 아동을 응원하고 있었어. 내가 응원하러 간 한국학생의 연설 제목은 'Korea'. 세계에서 가장 과학적인 글자인 한글에 대해서, 우리나라의 대표음식인 김치에 대해서 이야기했어. 태권도를 보여주기 위해 외국학생 한 명을 무대로 불러 시범을 보이기까지 하고. 한 달 어학연수를 왔을 뿐인데 말을 참 잘하더라. 뉴질랜드 학부모들도 모두 대단하다고 하고. 그런데 마지막까지 너무 자랑 일색이라 청중들의 소감이 "그렇게 잘난 나라 두고 여긴 왜 왔어?" 생각하는 것 같았어. 그 학생은 3등을 했어.

한국에 올 때 그 학생과 학생의 어머니와 함께 돌아오게 되었어. 싱가포르 호텔에 묵으면서 효종과 이완 장군에 관한 이야기를 해줬어.

옛날 효종임금은 열두 살의 나이로 중국에 볼모가 되었어. 모든 걸 중국의 눈치를 봐가며 결정하던 시절이었지. 지금은 중국까지 비행기로 네 시간이면 갈 수 있지만 그때는 몇 달 동안 말을 타고, 혹은 걸어서 갔어. 열두 살의 어린 소년이 몇 천 리 밖에 부모를 두고 말도 안 통하는 사람들 사이에 있었으니, 얼마나 쓸쓸하고 외로웠겠어.

당시 조선의 근본이념은 강대국을 섬기자는 일종의 사대주의 정책이었는데, 중국에 있으면서 효종은 결심했어. 내가 왕이 되면 중국을 치겠다고. 중국에게 이겨서 다시는 자기처럼 볼모로 잡혀오는 사람이 없도록 하겠다고. 훗날 효종은 조선으로 돌아와 임금이 되었어. 그때까지도 조정의 신하들은 모두 중국을 섬기는 사람들뿐이었지. 중국을 치려면 군사훈련을 해야 하는데 그런 상황에서 어떤 장군에게 명령을 내릴 수 있겠어.

한편 조정에는 이완 장군이라는 사람이 있었어. 장군이 시골에서 근무할 때 그 지방 선비가 찾아와 자기 딸과 혼인을 하는 게 어떻겠냐고 했어. 선비의 명성을 들어왔던 터라 두말없이 그렇게 하겠다고 하고 혼인을 했어. 옛날에는 서로 얼굴도 안 보고 결혼하는 경우가 대부분이었으니까. 첫날 밤 이완은 너무 장대하고 못생긴 신부를 보고 깜짝 놀랐어. 그래서 다시 쳐다보지도 않고 그대로 자버렸지. 그 후로도 결혼을 했으니 함께 살긴 하되 눈길 한 번 주지 않았어. 한양으로 발령이 나자 장군은 부인에게 말도 없이 한양으로 가버렸어. 어느 날 밖이 시끄러워 나가보니 부인이 몸종 하나를 데리고 장군을 찾아왔더래. 그는 하인을 시켜 뒷방 하나를 주라고 이르고는 또 부인을 본체만체 했지.

어느 밤, 효종 임금이 이완 장군을 궁궐로 불렀어. 그야말로 가문의 영광이지, 임금이 신하를 한밤에 친히 부른다는 건. 신하가 임금의 용안을 보고 말을 하는 건 상상도 할 수 없을 만큼 명예로운 일이니까. 장군이 기뻐하며 도포를 입고 집을 나서는데 부인의 몸종이 앞을 막는 거야.

"마님이 궁궐로 드시기 전 마님을 보고 가시라 합니다."

"어찌 이런 망발이?"

"장군님, 마님이 꼭 그렇게 하시랍니다."

시간은 없고 몸종은 비키질 않고, 어쩔 수 없이 한 번도 찾은 적 없는 부인의 방으로 갔어. 그러자 부인이 갑옷을 내놓으면서 말하길,

"당신은 무관이십니다. 그런데 어찌 이 밤에 임금님이 부르는데 준비도 없이 집을 나서려 하십니까? 갑옷을 입고 그 위에도 도포를 입으시지요."

듣고 보니 맞는 말이라 이완은 부인이 시키는 대로 갑옷 위에 도포를 입었어. 그렇게 말을 타고 궁궐에 들어서는데, 어디선가 날아온 화살이 어깨에 꽂힌 거야. 효종이 자객을 숨겨놓고 이완을 시험한 거지. 만약 준비 없이 나섰으면 어떻게 되었을까. 다치기도 했거니와 임금이 바라는 신하가 될 수 없었을 거야. 갑옷에 화

살이 꽂힌 채로 임금에게 가자 임금은 속으로 무릎을 쳤어. 내가 찾는 신하로구나, 군대를 훈련시키고 중국을 칠 그 장군이구나.

임금은 붓 한 자루를 선물로 주었어. 임금에게 선물을 받을 것도 영예로운 일이지만 부인 덕에 위기를 모면했으니, 이완은 집에 돌아오자마자 뒷방에 있는 부인에게 가 고맙다고 인사를 했어.

"임금님이 왜 부르셨습니까?"

부인이 물었어. 이완은 임금으로부터 받은 붓을 자랑스럽게 보여주었지. 붓을 본 부인은 몸종을 불러 돌멩이를 주워 오라고 시켰어. 그러더니 돌멩이로 그 붓을 내리쳐 깨뜨린 거야. 깜짝 놀란 이완이 물었어.

"아니, 임금님이 내린 선물을 깨뜨리다니, 이게 무슨 짓이오?"

"당신은 무관이지 문관이 아닙니다. 임금님이 선물을 주려면 칼을 하사해야지 왜 붓을 주었겠습니까?"

아니나 다를까, 깨진 붓대 속에는 중국지도가 들어있었어. 다음날 궁궐에 들어가자 효종이 물었어.

"그래, 그 붓이 잘 써지더냐?"

"네, 잘 보았습니다."

그다음부터는 말을 안 해도 뜻이 잘 통했지. 하지만 효종의 소망은 이루어지지 못했어. 어린나이에 중국에 볼모로 잡혀가 마음고생을 하며 자란 임금은 몸이 약해서 뜻을 펼쳐보지도 못하고 일찍 돌아가셨지. 역사책에는 이 모든 일이 한 줄로 '효종의 북벌계획' 이라고 쓰여 있어. 하지만 그 안에는 이렇게 많은 일이 있었던 거지.

고등학교 시절, 박종화의 '금삼의 피' 를 읽을 때 참 감동하면서 읽었던 대목이라 가끔 우리 아이들에게도 이야기를 해. 역사를 바로 알고 겸손한 태도를 가지라고. 나는 함께 있는 학생에게 물었어.

"내가 왜 이런 이야기를 할까? 그리고 이완의 부인은 어떤 사람이었을까?"

학생은 고개를 갸웃했어.

"이번에 스피치 콘테스트에서 네가 발표한 것, 다 좋았는데 딱 한 가지가 부족했어. 뭘까?"

여전히 학생은 잘 모르겠다는 얼굴로 나를 쳐다봤어.

"겸손이 없었어. 자신감과 유창한 영어 실력은 갖췄는데 겸손하지 못했어. 겸손이 실력보다 위에 있을 때가 있거든."

말은 그렇게 했지만 5학년인 이 아이가 겸손이 뭔지 알려면 시간이 좀 걸리지 않을까. 학교는 겸손을 가르치는 방법을 모르고 또 가르칠 시간도 없으니 스스로 깨달아야 할 테지. 그런데 그렇게 깨달을 시간이 또 없잖니.

영어시험

한 달간의 꿈같은 여행이 끝난 뒤 이번 여행에서 배운 점들을 생각했어. 하지만 아이들에게 내 여행기를 전하기도 전에 영어교재로 듣기 평가와 말하기 시험을 본다는 공문이 왔어. 그 공문, 아무래도 급조된 게 아닐까. 인원수에 맞추질 못해 교사들은 받지도 못했고 어떤 교재인지도 모르는데, 단지 개학을 하면 수준별 테스트를 한다는 내용만 있었으니까.

문제지는 당일 배부한다고 했어. 9월 4일 치르기로 한 이 시험을 위해 고학년은 한 시간 수업을 빠지고 3,4학년은 없는 한 시간을 더 만들어야 했어. 담당교사는 이런 일정을 알리기 위해 동분서주하고. 시험을 통과하지 못한 아이들은 9월 8일에 때로 모아서 재시험을 치고(9월 4일에 통과하지 못한 아이들이 9월 8일엔 어떻게 통과한다는 건지?) 4일에 통과된 아이들은 단계를 높여서 또 시험을 쳐. 말하기는 세 문제에 3점, 듣기는 일곱 문제에 7점, 10점 만점 가운데 7점 이상을 받아야 통과해.

시험 문제는 다음과 같아.

말하기 시험

문항8 : 나 좀 도와 줄 수 있니?

Can you help me? (정답)

Help me, please. / Could you help me? (역시 정답)

문항9 : 지금 먹지 마.

Don' t eat now. (정답)

Don' t eat right now. / Do not eat now./ Do not eat right now. (역시 정답)

실생활에서 이런 명령문은 부모라도 잘 쓰지 않잖아. 'eat' 라는 단어 대신 'have' 를 쓴다는 것도 이제 대부분의 사람들이 아는 사실인데.

문항10 : 안녕, 내 이름은 미나야.

Hi, My name is Mina. (정답)

이것도 그래. 누가 처음 본 사람에게 "안녕, 나 미나야"라고 말을 시작하니? 더구나 묻지도 않았는데 '나 누구야' 라고 말하는 게 가능할까? 'Hello, I am Mina' 도 정답 처리, 더 엉뚱한 건 'Hi, Mina, I' m nine years old.' 사실 나이는 거의 묻지도 않고 먼저 말하지도 않는데. 남녀노소가 모두 '친구' 라는 말로 통용되는 사회니까.

공문의 내용은 다음과 같아.

초등학교 영어 교육의 목표 : 일상생활에 필요한 영어를 이해하고 사용할 수 있는 기본적인 의사소통 능력을 기른다. 아울러 외국 문화를 올바르게 수용하여 우리 문화를 발전시키고 외국에 소개할 수 있는 바탕을 마련한다.

가. 영어에 흥미와 자신감을 가지며 의사소통할 수 있는 기본 능력을 기른다. (일주일에 40분 수업으로?)

나. 일상생활과 일반적인 화제에 관해서 자연스럽게 의사소통을 한다. (정말 자연스러운 의사소통이 가능할까?)

다. 외국의 다양한 정보를 이해하고 이를 활용할 수 있는 능력을 기른다.

라. 외국문화를 이해함으로써 우리 문화를 새롭게 인식하고 올바른 가치관을 기른다.

우리도 해외문화에서 조금은 알고 있잖니. 물론 네가 접한 해외생활이 더 많지만.

예전에 네가 2년 간 미국에서 머물 때 네 아들의 학교 선생님이 한국에 대해 소개해 달라고 부탁한 적이 있었지. 그때 너의 아이디어는 정말 훌륭했어. 한복을 차려입고 잡채 등의 한국음식을 만든 뒤, 브리핑을 하듯 자료를 만들어 임진왜란 때 이순신 장군의 활약상을 설명했잖아. 그 이야기를 듣고 감동을 받은 미국 아이들은 네 아들이 이순신의 후손이라고 박수를 쳤다지. 이것이 한국의 의상이고 음식이라는 네 말에 한국이 어디 있는지도 몰랐던 미국 아이들이 그 후로 한국의 역사를 공부한다는 그 이야기는 정말 감동적이었어. 그때 내가 그랬지. 네가 진정한 애국자라고.

Don' t eat with your hands.

이런 정답도 있었어. 사실 빵은 손으로 먹는 사람이 더 많은데.

외국 친구 집에 머물 때 나 역시 손으로 빵을 먹었고.

9월 1일이 되자 시험 준비가 끝났어. 아이들에게 철저히 준비해두라고 이르고 나중에 배부된 교재를 보았어. 그런데 책을 보는 순간 너무 화가 나는 거야. 어디서 어떻게 잘못되었다고 해야 할지. 내가 본 3, 4학년용 교재만으로 말하는 거야. 교과서에 맞춰 중요한 내용들로 구성했다는 그 책은 어쩌면 그렇게 실생활에서 쓰지도 않는 말들만 뽑아왔는지.

설상가상 듣기 시험 날짜를 9월 6일로 바꾼다는 공문이 내려왔어. 지키지 못할 약속은 하지 말라고, 아무리 작은 약속이라도 반드시 지켜야 한다고 아이들에게 얼마나 누누이 강조해왔는데. 지각도 약속을 깨뜨리는 것이고 이유 없는 결석도 약속을 어기는 거라고 가르쳐왔는데 위에서는 한 마디 설명도 없이 날짜를 변경해 버리니. 교직사회에 여전히 권위의식이 남은 걸까. 아이들이 우롱당하는 느낌마저 드는데, 이게 현실이라고 받아들여야 하는 건지.

이렇게 우리 영어교육은 초비상 상태지. 피지에서는 학교 선생님도, 택시기사도, 그 섬의 바닥을 쓰는 청소부도, 자연스럽게 영어를 하는데 우리는 억지로 영어를 배우고 있다는 느낌이 들어. 잘 사는 동네에 있는 학교는 방학을 하면 학급에서 반 이상의 학생이 영어권 나라로 간대잖아. 자의 반 타의 반으로 다른 아이들이 떠나면 제 자식을 보내지 못한 부모는 죄책감을 가진다지. 영어뿐 아니라 어떤 언어든 하루아침에 되는 게 아니라는 것, 우리는 너무 잘 알고 있잖아. 50년을 한국어만 쓰고 살아도 우리말을 다 모르는데 간접적이나마 그 나라에 대한 문화 체험도 없이, 교육이라는 이름 아래 주입식 교육만 강요하는 건 아닐까.

이제 영어는 외국어가 아니라 공통어라고 말하지만 우리는 아직 멀었어. 우리보다 국민소득이 훨씬 떨어지는 피지에서, 라로통가에서는 그렇게 자연스럽게 영어 수업을 하는데. 우리 아이들은 이제 국제무대에서 그 아이들과 경쟁해야 하겠지. 여행을 하는 동안에도 그 생각 때문에 늘 갑갑했는데.

지인을 통해 합석한 자리에서 있었던 일이야. 그 자리에 중학교 3학년에 다니는 아이를 둔 어머니가 있었어. 그녀는 다짜고짜 "선생님 해외에 나간 경험이 많다고 들었는데 한 달 어학연수의 좋은 점을 세 가지만 말해주세요" 그러는 거야.

"한 달 어학연수의 좋은 점이요? 그런 거 없어요. 어디에 있든지 최선을 다하는 자세로 임하면 외국을 가고 안 가고는 중요하지 않아요. 한 달 동안 외국에 나가 영어를 한다고 뭐가 달라지겠어요? 다만 홈스테이를 하면 영어에 대한 두려움이 없어진다고 해야 할까, 아니면 세계를 보는 눈이 달라진다고 해야 할까, 혹은 사고가 넓어진다고 할 수 있을지도 모르겠네요. 홈스테이 하면 일단은 말을 해야 하니까, 그리고 식사는 언제 어떻게 하는지 알아들어야 하니까, 뭐 간단한 생활영어 정도는 익힐 수 있겠죠. 하지만 그 다음부터는 자기가 알아서 공부해야 해요. 안 그러면 늘 제자리죠."

대답하고 일어서는데 씁쓸하고 개운치 않더라. 영어권 나라에 가면 영어는 저절로 된다는 생각, 그건 어디에서 나온 걸까. 어쩌다 패키지 투어를 해 보면 어느 나라를 가든 한국 사람을 만날 수 있어. 이제 우리나라의 무대가 그렇게 넓어졌지. 누가 그러더라. 여행 가서 한국사람 안 만나는 게 성공적인 여행의 비결이라고.

아이의 어학연수를 계획하고 있는 어머니와 상담했어. 이야기를 듣는데 내가 숨이 찰 지경이더라.

"내년에 어학연수 보내려고 6학년 수학까지 끝냈어요. 우리 애는 전교 1등이에요. 전교 1등 지키려고 얼마나 힘들었는데요. 우리 애 스케줄은 제가 다 관리해요. 운동도 해놔야 한대서 태권도도 몇 단까지 땄어요. 악기는 플루트 배워요. 시작한 지 4년밖에 안 됐으니까 아직 그렇게 잘하는 건 아니에요. 6월 1일 비행기 티켓팅까지 마쳤어요."

"차라리 한 학기 마치고 보내지 그래요?"

"1학년 때도 단체 연수하러 미국 갔다 온 적 있으니까 혼자서도 잘 갔다 올 거예요. 그 나라에서 애 수학 봐주겠다는 학생 구해놨어요."

"학교에서 같이 지내보면요, 공부 잘하는 애보다 성격 좋은 애들이 더 예뻐요."

"환경단체에서 운영하는 그린피스라는 곳에 다녀왔어요. 우리 애가 친구들한테 인기가 좋아서 얘가 간다고 하니까 같이 갈려고 하는 애들이 있어요. 우리 애 꿈이 국경 없이 의료봉사 하는 거라니까 착하긴 착하죠."

할 말이 없더라. 너무 똑똑한 엄마 만나서 아이가 고생하는 걸까. 그런 뜻을 은근히 내비쳤더니 그렇지 않대.

"아니에요, 아이가 너무 잘 따라줘서 괜찮아요. 더한 애들도 얼마나 많은데요. 모 대학 영재 반 들어가려고 밤 열한 시 넘어서까지 과외 받는 애도 있어요. 그 대학은 아이 두 명에 교수 한 분이래요. 그렇게 시키고 나니까 들어가긴 하더라고요."

우리나라 대학까지 어떻게 된 걸까. 대학은 대학생만 책임지면 좋겠어. 영재교육이라는 이름 아래 아이들 괴롭히지 말고, 잘 가르쳐놓은 아이들 망치지 말고.

어머니는 말을 이었어.

"입학금 500만원에 매달 150만원씩 받는 대안학교가 있는데요, 여섯 명 뽑는데 마흔 명이 왔대요. 제가 아는 사람은 애가 거기 떨어졌다고 낙담이 이만저만 아니었어요."

나 역시 누군가의 어머니이자 4학년을 가르치는 교사야. 하지만 도무지 이해가 가지 않는 말뿐이니…….

"그럼 애가 언제 놀아요?"

"놀긴 어떻게 놀아요? 다른 애들이 다 그렇게 하니까 안 할 수가 없어요."

그럼 다른 애가 죽으면 같이 죽을 거예요? 나는 그렇게 따지고 싶은 것을 간신히 참았어.

"고등학교 3년 동안 성적이 에이플러스였던 아이가 외국 유명 대학에 떨어졌대요. 충분히 합격이 가능한 성적이었기 때문에 어떻게 된 일이냐고 따졌더니, 넌 3년 동안 봉사실적이 전혀 없지 않냐, 하다못해 헌혈 한 번 안 했지 않으냐며 그런 학생은 필요 없다고 했대요."

"그건 그렇고 우리 애 특수목적중학교 보내려고 했거든요. 근데 이렇게 어학연수 다녀오면 다 잊어버린다고 해서 못 갈 것 같아요. 고등학교만 특목고로 보내도 괜찮겠죠?"

나는 말문이 막혔어. 보란 듯이 잘 키우고 싶은 부모 마음. 하지만 누구에게 보여주고 싶은 걸까. 유학 중인 몇몇 아이들을 생각했어. 어머니가 짜놓은 스케줄대로 움직이다 혼자 있으니 어떻게 시간을 관리해야 할 줄 모르는 아이들. 급기야 한국에 전화해서 "엄마 나 뭐해?" 질문하는 아이들.

"아이가 아이로서의 세월을 누릴 수 있게 해 주시면 안 될까요?"

나는 그렇게 부탁하는 것으로 이야기를 마무리했어. 며칠 뒤 만난 어머니는 고심 끝에 욕심을 조금 접기로 했대. 고마워라.

공부하는 시기가 날로 어려지고 있어. 네 살 전에 한글을 떼야 하고 영어까지. 우리나라는 투자한 돈에 비해 영어실력이 하위권 수준이라던데 그럴 수밖에. 말했다시피 한국말을 잘한다고 다 국어를 가르칠 수 있는 건 아니지. 우리가 외국인한테 한글을 가르치기란 얼마나 어렵니. 그런 관점에서 우리나라 초등학교의 원어민 교사에 대해 생각해 보자.

그들에게 투자하는 돈은 한국인의 열 배 이상이야. 그런데 그들 모두 교사 자격증이 있는 건 아니지. 가르치는 것도 일종의 능력일 수 있는데 그런 능력을 정식으로 교육받은 게 아닌 경우가 많아. 물론 한국 사람에 비해 상대적으로 많은 봉급을 받는 만큼, 열심히 연구해서 가르치는 사람들도 있을 거야. 하지만 보통의 외국인이 우리나라 초등학생 아이들을 얼마나 잘 가르칠 수 있다고 생각해? 한국어를 잘 못하는 원어민 교사가 많으니 아이들과의 의사소통도 쉽지 않고, 외국인이기 때문에 불가피한 제약이나 한계가 있기 마련이야.

우리도 외국인에게 배워봐서 알잖니. 6개월만 지나면 함께 할 수 있는 대화가 없었지. 물론 훌륭한 원어민 교사는 늘 연구하고 교재 개발하고 진도에 알맞은 방법을 찾지. 하지만 그런 교사를 만나는 건 쉽지 않은 일이야. 그들은 우리 아이들에게 얼마나 많은 이익을 주는가, 우리의 실정에 대해 얼마나 알고 있는가, 일주일에 한 시간 혹은 두 시간씩 배당된 수업에 얼마나 열성을 다하는가 생각해 볼 필요가 있어. 오히려 그들에게 투자하는 돈을 우리 젊은이들에게 한다면 원어민보다 더 잘 가르칠 수 있지 않을까.

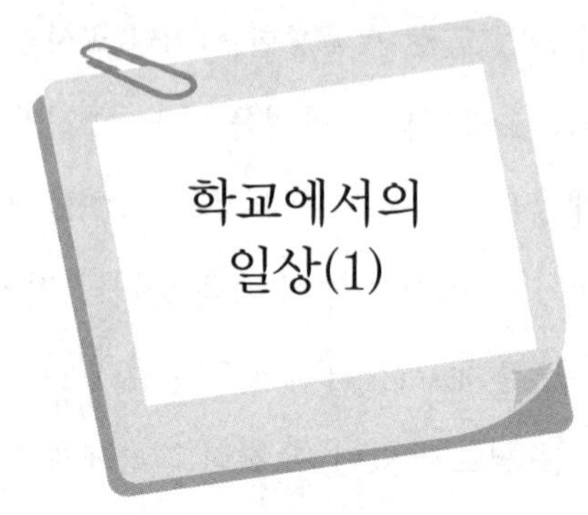

◆ 일상적 의미의 교육

일상적인 대화 속에서 '교육' 이라는 말을 자연스럽게 사용

- 교육의 의미를 이미 잘 알고 사용
- 그러나 그 의미를 명확히 규정하기란 쉽지 않으며 사람에 따라 다르게 규정하기도 한다.

◆ '바람직한 무엇' 을 함축하는 교육

교육은 단순히 가르치고 배우는 것 이상을 의미한다.

- 형식화되고 조직화된 활동
- 인간을 대상으로 하는 활동
- 바람직한 무엇인가를 포함하는 활동 등이 교육의 개념 속에 함축된다.

◆ 교육학자들도 교육의 개념에 관해 다양한 설명과 정의를 제시한다, 개념적 혼란이 가중된다.

- 각자의 관점과 신념, 가치관에 입각하여 교육을 다르게 규정하기 때문이다.

◆ 가치관 반영으로서의 교육의 개념 정의

- 교육이라는 말에 붙박인 의미는 없다.

교육의 범주는 크게 가정교육, 사회교육, 학교교육으로 구분한다.

- 교육의 개념을 정의할 때 일반적으로 학교교육만을 관심의 대상으로 삼는다.

그러나 학교교육이 교육의 모든 것은 아니며, 교육의 의미와 영역을 넓게 의식할 필요가 있다.

- 학교교육 이외의 가정교육, 사회교육에 있어서 교육의 개념적 조건은 다르게 설명할 수 있지만, 교육다운 교육의 개념적 요소들이 기본적으로 고려되어야 할 것이다.

교육행정정보시스템을 뜻하는 NEIS. 나이스인지 네이스인지 그것만 있으면 생활기록부든 공문이든 종이라곤 안 쓸 것처럼 말하더니 여전히 공문들은 쌓여가. 그리고 다 지난 공문을 네이스에 맞춰야 한다고 순서대로 정리하는 데 또 하루를 보내고. 그 사이에 버려지는 종이는 또 얼마나 많은지. 가끔은 뭐하는 건가 싶기도 해.

국민이 없으면 대통령도 필요 없듯, 학생이 있으므로 교사가 있고 교장 교감이 있고 교육청이 있는 거지. 위에서 내려오는 공문에 빼앗기는 시간을 수업 연구에 투자한다면 이 나라에 사교육이 왜 필요하겠니. 우리 아이들을 왜 외국 교육에 빼앗겼겠니. 감정적이 되면 안 되는데, 나는 이래서 탈이라니까.

컴퓨터에 대한 이 스트레스를 어떻게 풀어야할지 모르겠어. 3월 한 달 정신없이 지내다 공문을 받았어. 나이스인지 네이스인지 편리하다고 만들었다는데, 컴퓨터로 공문을 보냈으면 종이로는 오지 말아야지. 도대체 왜 만든 건지, 그리고 그 때문에 몇 가지 일을 더 해야 하는 건지 모르겠어. 도저히 이해가 안 가는 건 3월에 선거 끝나고 주소 들어가고, 5월에 교육감 선거 끝나고 또 주소 보고하고, 그리고는 운영위원장님께 연하장 보낸다고 네 시까지 Dcms로 긴급공문을 보내라는 거야. 오후에 학부모와 상담 중이었는데 네 시까지 긴급공문을 보내라니, 이런 웃지 못 할 일이 있을까.

가끔 사회와 학교 간의 느끼는 이질감은 뭘까 생각해봐. 우선 선생님들은 친해질 기회가 없어. 출근하면 교실을 비우기가 어렵거든. 10분간의 부재 동안 무슨 일이 벌어질지 모르니 아이들이 하교할 때까지 교실을 지키고 있어야 해. 나 같은 경우는 아이들이 돌아가면 사무분장 일을 해야 하고. 가끔 윗분들이 가만히 계셔주면 좋겠다는 생각이 들 때가 있어. 교사가 열심히 수업하고 생활지도 할 충분한 시간만 있어도 우리나라의 교육이 달라지지 않을까.

가슴 훈훈한 이야기를 할까. 지난 번 수련회 갔을 때 일이야. 4,5학년 아이들을 데리고 2박3일 간 경기도 청소년 수련원에 갔어. 밤에 소변 못 가리는 애 못 보낸다는 부모 설득해서 내가 책임진다고 부모님들과 약속한 끝에 한 명도 빠짐없이 데려갈 수 있었어. 4학년 수련회는 평생 한 번 밖에 없는 소중한 시간이잖아. 그 옛날 우리 어머니는 병치레가 잦은 딸을 수학여행에 보낼 수가 없었어. 쌀을 머리에 이고 16킬로미터를 걸어야 하는 힘든 길이니까. 결국 나는 수학여행에 못 갔어. 나중에 생각하니 초등학교 수학여행에 대한 추억이 없다는 게 얼마나 서럽던지.

걱정하는 부모님들을 설득해 데리고 나섰으니 나는 당연히 아이들 옆방에서 잤어. 밤 열두 시가 취침이었는데, 아이들 입장에서는 오랜만에 얻은 자유를 어떻게 그때까지만 만끽하겠니. 그 난장판을 어떻게 표현할 수 있을까. 열두 시 반에 교관이 남자아이들을 다 끌어내 복도에서 벌을 세웠어. 이제 자려나 했는데 벌

받고 들어가면서 떠들고, 문이 삐거덕거리니까 귀신 소리 같다고 떠들고. 선생님이 옆방에 있으니 걱정하지 말라고 다독여서 아이들을 간신히 재웠을 때가 새벽 두 시. 그리고 새벽 다섯 시에 기상을 하면서 다시 소란이 시작되었지.

다음날 아이들이 평소에 해 보지 못한 경험을 조별로 나눠서 했어. 그런데 자전거 면허증 따기 조에 속해있던 아이 하나에게 문제가 생겼어. 선 밖으로 나가면 안 된다는 교관의 엄중한 지시 아래, 헬멧을 쓰고 그 넓은 운동장을 신나게 돌았는데 마무리를 하려는 오후 다섯 시쯤 넘어지면서 앞니 두 개가 부러진 거야. 담임을 비롯해 우리 모두 얼마나 놀랐는지. 그 길로 담임선생님과 학년부장님이 차로 40분쯤 걸리는 병원으로 달렸어. 문 닫기 전에 도착해야 한다고 비상등 켜고 병원까지 가서 치료하고 돌아온 시간이 저녁 여덟 시. 그 아이의 어머니는 답사 갈 때도 따라갔었는데, 이 문제를 어떻게 알릴지 고민이 이만저만 아니었어. 거의 사색이 되었지. 불가항력의 일이지만 그걸 어떻게 부모한테 이해시킬 수 있겠어. 부모는 또 어떻게 이해를 하겠어.

병원에서 돌아온 그 밤, 담임선생님과 부장님이 아이를 집에 데려다줬어. 아이의 집으로 떠나는 두 분의 얼굴은 수심이 가득했어. 그런데 그 어머니가 그러더래.

"선생님, 그래도 내 아이니까 얼마나 다행이에요."

새벽 한 시쯤 돌아온 두 분은 그 이야기를 하면서 눈물을 글썽거렸어. 나도 얼마나 감동 받았는지. 거의 이틀을 뜬눈으로 보냈지만 그 감동을 전해들은 교사들은 힘든 줄도 몰랐어.

아이들과 보내는 시간이 즐겁기도 하지만 가슴이 내려앉는 일도 적지 않아. 며칠 전에는 점심식사 후 차를 마시는데 한 아이가 뛰어와서 말했어.

"선생님, ㅇㅇ가 다쳤다고 보건실로 오시래요. 운동장에서 축구하던 6학년 형이랑 부딪쳤대요. 입술이 다 터졌대요."

보건실로 뛰는데 그 거리가 얼마나 멀게 느껴지는지. 보건선생님 말이 너무 많이 터져서 꿰매야 한대. 부모님께 연락했으니 곧 오실 거라면서. 보건선생님에게 일단 병원으로 데리고 가야 되지 않겠냐고 말했더니 차가 없다고 나 보고 데리고 가래. 나머지 애들 수업은 어떡하나 싶었지만 자습을 시켜놓고라도 가야할 것 같았어. 교실로 내려가다 다친 아이 어머니와 마주쳤는데 나는 안 가도 된다는 거야. 애가 워낙 개구쟁이라 또 싸우고 탈났나 보다 했는데 그게 아니라 다행이라는 눈치였어.

11월 11일은 빼빼로데이면서 농업인의 날이지. 그 주 월요일에 연설 아닌 연설을 했어.

"작년에 여러분이 준 메이드 인 차이나 빼빼로는 선생님이 도저히 먹을 수가 없었어요. 여러분의 마음은 잘 알지만 사실 과자를 별로 좋아하지 않고, 무엇보다 선생님이 다른 사람에게도 그걸 줄 수가 없어서 그 빼빼로는 이리저리 돌다가 쓰레기통으로 들어갔어요. 정말 미안했어요. 그래서 올해는 빼빼로 대신 다른 걸 할까 해요. 우리 반은 이틀 동안 쌀을 걷어서 가래떡을 해 먹어요. 그게 바로 우리나라 빼빼로 아닐까?"

"와! 신난다!"

그날은 농민의 날이기도 하잖아. 떡은 우리 고유의 음식이니까 그분들에게도 도움이 되겠지. 이틀 동안 걷은 쌀은 네 말이 넘을 정도로 많은 양이었어. 각자 라면 한 봉지 정도의 쌀을 가지고 오라고 했는데, 신이 난 아이들이 다섯 봉지는 족히 될 정도로 많이 가지고 왔더라고. 부모님들도 즐거운 마음으로 집에 있던 묵은 쌀을 보내주시고.

농민의 날 전날 방앗간 아저씨가 와서 그 쌀을 가지고 갔어. 그날 오후 아저씨가 보내온 따끈따끈한 가래떡을 한 사람 당 하나씩 쥐어줬어. 얼마나 맛있던지. 남은 떡은 일인당 네 줄씩 싸줬어. 가족들과 같이 먹으라고.

전교의 선생님들이 배불리 먹고도 남아 청소하러 오신 어머니들에게도 돌렸어. 어머니들 말씀이 빼빼로를 사려고 하면 2, 3만 원은 그냥 없어진다고, 아이들도 이날을 영원히 못 잊을 거라고.

그렇게 해서 모두에게 즐거운 '떡데이(아이들 입에서 나온 말이야)' 가 되었어. 정확하게는 '떡날' 이어야 하는데.

사실 처음 교사 발령을 받았을 때는 지금처럼 순수한 사랑으로 아이들을 예뻐하지 않았어. 뭐랄까, 교사로서의 사명감에 불타서 의욕적으로 가르치려 했지. 지금은 아이들이 정말 예뻐. 내가 교사로서 꼭 지키려는 것 가운데 하나가 차별하거나 편애하지 않는 거야. 그건 내게 있어 일종의 교사관이라고도 할 수 있어. 아이들 역시 그런 점에서는 눈치가 빨라. 게다가 아이들은 이 나라의 미래고 희망이잖아. 그렇게 소중한 그들에게 선생님인 내가 차별이나 편애로 상처 입히면 안 된다고 생각해.

4학년이라는 이 시간은 평생 돌아오지 않지. 그 시간 동안 함께 한 내가 훗날 이 아이들의 기억에 어떻게 남을 것인가 생각하면 하루하루를 어떻게 소홀히 보낼 수 있겠니? 체벌이 금지되어 있기도 하지만, 그래서 더욱 때리거나 상처 주지 않으려고 정말 많이 노력해. 때리는 건 그 아이와 나 사이의 감정만 나빠지는 일이고, 맞고 나서도 5분만 지나면 아이들은 자기가 반성해야 할 일을 까마득하게 잊어버려. 부득이하게 체벌을 했을 경우에는 알림장에다 써 줘. 오늘 어떠어떠한 사유로 맞았습니다, 하고.

학기 초 아이들에게 조사한 게 하나 있는데, 크면서 부모님에게 한 번도 안 맞아본 아이가 거의 없는 거야. 거의 매일 맞는 아이도 있고 일주일에 한 번은 꼭 맞는 아이도 있고. 얼마나 답답한지. 알량한 교육 경력이지만, 학원 운영까지 합쳐 20년쯤 되는 내 경험에 비춰봤을 때 때려서 아이가 달라지는 경우는 없는 것 같아. 집에서 때려가며 말을 듣도록 교육받은 아이들은 학교에서도 맞아야만 말을 들어.

나와 다르면 이상한다고 생각하는 사람들이 있지. 교사와 부모님들이 생각해봐야 할 게 있어. 부모님은 내가 내 자식의 선생님이라면 이럴 때 어떻게 할 것인가, 선생님은 내가 이 학생의 부모라면 어떻게 할 것인가.

이런 말씀을 한 어머니가 있었어.

"선생님, 우리 아이는 말썽이라곤 하나도 안 부려요. 집에서도 얼마나 조용한데요."

하지만 나는 그렇게 생각하지 않아. 어떻게 아이가 조용할 수 있어. 조용하면 어디가 아픈 거지. 엄마가 무섭게 하니까 집에서는 떠들 수가 없는 거야. 그러면 그 아이는 속에 쌓인 스트레스를 어디에서 풀까? 그래, 학교에서 풀지. 40분 수업 동안 그 아이를 집중시키기 위해 나는 몇 번이나 그 아이의 이름을 불러야 해. 그럴 때마다 스스로를 다스리는 연습까지 하지.

집에서 조용하다는 그 아이의 학교생활을 들여다보자. 친구 괴롭히기(그것도 약자만 골라서). 학교 기물 발로 차기. 아무데나

휴지 버리기. 스스로도 설명할 수 없는 행동을 하면서 그런 행동이 나쁜 줄도 몰라. 반 아이들은 말은 하지 않지만, 왜 선생님은 저런 아이를 보고도 참고 계시나 하는 표정이야. 혼내기라도 할라치면 그 아이에게 당해온 다른 아이들의 얼굴에 만족감이 번지니…….

"약자를 괴롭히는 사람이 세상에서 가장 나쁜 사람이야. 아무리 장난이라도 상대가 싫어한다면 해선 안 돼."

우리 세대에는 선생님께 이른다는 부모님의 말씀만큼 무서운 게 없었지. 선생님은 화장실도 안 가는 줄 알았던 우리 세대의 이야기는 그야말로 호랑이 담배 피우던 시절의 이야기가 되어버렸어. 요즈음 아이들은 어머니께 전화한다는 선생님의 말을 더 무서워해.

문제는 자식을 때리는 부모가 많다는 거지. 집에서는 때려서 말 듣게 해 놓고 학교에서는 말로 달래서 잡으라니, 참. 오늘도 견디다 못해 전원 손들고 벌 세웠어. 수학시간에 필요하다고 컴퍼스와 자, 각도기를 가져오라고 알림장에 써줬는데 서른다섯 명 가운데 스물한 명이 안 가지고 온 거야. 안 가져오면 학교에서 줄 거라고 생각하는 거지. 준비물, 이걸 어떻게 설명해야 하는지. 1년 내내 한 번도 준비물을 안 챙겨 오는 아이들도 허다해. 준비물을 가져오지 않는 이유는 돈이 없어서가 아니라 습관이 그렇게 배여서야. 이유가 뭘까? 우리가 예전보다 잘 살게 되어서?

학교에 입학하기 전부터 아이들은 맞고 자랐어. 아직도 부모님들 가운데는 맞아야 말을 듣는다고 생각하는 분들이 많아. 그리고 학교에서 체벌은 엄격하게 금지되어 있지. 체벌의 기준을 만들었는데 얼마나 이상한지 몰라. 회초리는 몇 센티미터까지 허용한다, 벽을 보고 서 있게 하는 건 괜찮다 괜찮지 않다…….

동료선생님이 그런 말을 하더라. 정말 화가 나서 아이를 때렸는데, 누군가 카메라 폰으로 찍었다면 바로 뉴스에 실렸을 거라고. 화내는 일이 거의 없는데다 늘 아이들을 사랑으로 감싸는 자상한 교사인데 말이야. 왜 그랬냐고 물었더니, 반에 어머니가 없는 아이가 있대. 그런데 주먹으로 아이들을 선동하는 한 아이가 그 아이를 자꾸 괴롭히더래. 그래서 그러지 말라고 타일렀는데, 그날 오전 내내 살펴보니 교사가 안 보는 줄 알고 지나갈 때마다 괜히 건드리고 툭툭 쳐 가며 시비 걸고. 그래서 점심시간에 또 불러서 이야기를 했대. 생각해봐라, 네가 그렇게 괴롭히면 그 아이는 학교 오는 게 얼마나 힘들겠냐, 같은 반인데 서로 도와가며 잘 지내야지, 그러면서 좋은 말이란 말은 다 끌어다 구슬리고 회유해서 다시는 안 그러기로 다짐을 받고 교실로 돌려보냈대.

그런데 5교시 수업이 끝나고 교무실에 다녀오는 길, 그 아이가 괴롭히던 아이의 신발을 화장실에다 던지는 모습을 발견한 거야.

며칠을 그 문제에 관해 이야기했고 한 시간 전 점심시간 때도 그렇게 타일렀는데, 어떻게 저럴 수가 있나 싶더래.

"왜 친구 신발을 던졌니?"

"그냥요."

그때부터 눈에 보이는 게 없더래. 아이가 들고 있던 신발주머니로 어깨를 때리고 그 다음에는 손으로, 그야말로 손바닥이 얼얼해질 때까지 때렸대. 그 반 아이들이 하얗게 질릴 정도로. 내가 그 동료의 입장이었다면 어떻게 했을까. 아마 나 역시 마찬가지지 않았을까 싶어. 한 학기 내내 그 아이 때문에 속 끓이는 걸 봐왔거든. 많이 참았다는 걸 알아. 물의를 일으킬 만큼 이상한 교사도 있다? 그래, 그럴 수 있지. 교사사회 역시 하나의 집단이니까.

전학 온 그 아이는 두려운 게 없어 보였어. 첫날부터 잠시도 가만히 앉아있지 못하는 거야. 내가 말해도 못 알아듣고. 아니 아예 들으려고 하지도 않고. 처음에는 짝이 없는 아이 옆에 앉혔는데 그 아이가 끊임없이 말을 걸어대는 통에 짝꿍이 견뎌내지 못하더라고.

수학시간 나는 분수에 관해 설명하고 있었어.

"4분의 5는 가분수예요. 자, ㅇㅇ야, 일어나봐. 선생님이 4분의 5는 뭐라고 했지?"

반 전체에서 답을 모르는 학생은 전학 온 그 아이뿐이었어.

"서서 들어. 다시 설명할게. 분자가 분모보다 크면 가분수거든. 4분의 5도 가분수. 자, ○○야, 4분의 5가 뭐라고?"

아이는 묵묵부답이었어. 일으켜 세워놓은 그 짧은 시간에도 장난을 쳤으니 모를 수밖에. 짝꿍이 된 아이가 불편해하는 걸 볼 수 없어서 제일 뒤에 혼자 앉혔는데, 이번에는 앞에 앉은 아이에게 장난을 쳤던 거야. 다른 아이들이 옆에 앉기 싫어하는 건 물론 앞이나 뒤에도 앉고 싶어 하지 않아서 어쩔 수 없이 내 책상 옆에다 따로 자리를 만들어서 앉혔어. 그런데 내가 바로 옆에서 설명을 하는데도 또 장난을 치잖아. 수업 시간의 3분의 1을 그 아이에게 할애했나봐. 나중에는 나도 반 아이들도 견딜 수 없을 지경이 되었지. 나는 목소리가 높아지기 시작했어.

1년 반 동안 나와 옆 반이었던 선생님이 그러더라. 내 목소리 높아진 거 처음 봤다고. 전학 온 첫날부터 유명세를 타게 된 아이. 쉬는 시간에는 옆 반까지 가서 참견을 하고 복도에서 벌을 서는 거야. 복도에서 벌을 서거나 교단 앞에 나와서 손을 들고 있으면서도 아무 느낌이 없나봐. 뭘 잘못했는지도 모르고 부끄러워하거나 반성하는 기미도 없고.

동료교사의 반에 있는 1학년 아이는 얼마나 기운이 센지. 친구

연필을 가져다 부러뜨리는가 하면 다른 아이 머리 자르기, 공책 찢기, 책 던지기……. 견디다 못한 선생님이 교탁 옆에 혼자 앉혔는데, 수업 중에도 뭔가 마음에 안 들면 소리 지르고 뛰어다니고……. 동료는 그런 생각을 했대. 월급을 1000만원으로 올려줄 테니 저 아이만 맡아서 다시 가르치라면 할 수 있을까.

10초도 집중하지 못하는 전학생에 관해 고민하다가 반 아이들과 약속을 했어. 그 아이가 하루에 한 번도 이름이 불리지 않으면 반 아이 모두에게 피자를 사겠다고. 약속을 하고 한 달쯤 지났을 때, 잠시도 가만히 있지 못하는 그 증상이 ADHD라는 이름의 병 때문이라는 것을 알았어. 약으로 고칠 수 있다는데 그 아이는 가정환경이 어려워 그럴 수도 없고. 잠시도 가만히 있지 못하던 아이가 10초를 집중하고 20초를 집중하고, 그렇게 조금씩 나아지는 건 피자를 먹고 싶은 마음 때문일까.

12월 첫 번째 토요일, 그 아이가 전학 온 지 4개월이 된 날, 나는 우리 반 아이들을 위해서 거금을 썼어. 고구마 피자를 샀거든. 그날 2교시가 끝날 때까지 한 번도 이름이 안 불렸어. 그 아이는 크리스마스 때 내게 카드를 보냈어.

「안녕하세요, 선생님. 저 ○○이에요. 저 때매 고생 많으시죠? 선생님이 쉬는 시간에 말씀하시는 것처럼 해 볼깨요. 노력을 많이 해야 하지만 그래도 해야 할 것 같아요. 4학년이 끝나가요. 이젠 잘 해 보겟습니다. 안녕히 게세요.」

맞춤법은 틀렸지만 얼마나 고마운지.

얼마 전 어머니 한 분이 학교로 찾아왔어.

"학기말이니 잘 봐 달라는 것도 아니고요, 그냥 선생님이랑 식사 하면서 이야기 좀 나누고 싶어서요."

나는 별로 어려운 일도 아닌데 싶어 선뜻 그러자고 했지. 우리는 최근에 새로 나온 순하다는 소주를 앞에 두고 이야기를 했어.

"선생님 같은 분은 만난 적이 없어요. 늘 학교는 어렵고 선생님 만나려면 겁나고……."

내 자식을 빌미로 학부형은 선생님이 어려워졌어. 선생님은 학부형이 어려워졌고. 3월에 학부모가 찾아와 함께 저녁을 먹자고 하면 세상은 어떤 눈으로 볼 것인가, 그런 문제를 생각하지 않을 수 없게 됐어. 그러다 보니 내 자식, 내 학생의 교육 문제조차 마음 놓고 이야기할 수 없는 세상이 된 것 같아.

작년 학기말에 식사모임을 가진 적이 있어. 어머니회에서 한 달에 한 번씩 학교 청소를 해 주셨는데 그 어머니들에게 대접을 하고 싶었거든. 전원이 참석하시긴 했는데 내 의도와는 달리 각자 돈 내고 먹는 자리가 되었어. 누구를 믿을 수 있으며 누구를 믿어야 하는가. 끝나는 마당에 나는 청소하시는 어머니들이 고마웠을 뿐이고, 어머니들은 담임선생님에게 1년에 한 번 식사대접하고 싶었을 뿐인데.

솔직히 말하면 그런 자리, 괜한 오해라도 살까봐 나가고 싶어 하지 않는 선생님들이 많은 눈치야. 나처럼 사람 만나는 거 좋아하고 이야기하는 거 좋아하는 사람은 밤을 새서라도 아이들 교육 이야기를 할 수 있을 것 같은데. 어설픈 교육 방식이나마 내 자식 키우면서 겪은 시행착오에 관해, 교육에 관한 내 관점에 대해, 의미 없이 했던 내 행동을 아이들이 어떻게 받아들일지에 관해서 허심탄회하게 말할 수 있다면 얼마나 좋을까.

"우리 애가 그랬어요. 운동회 날 단체 경기 끝나고 들어왔더니 목이 너무 말랐대요. 그때 한 학부형이 음료수 하나를 선생님께 갖다드렸더니 선생님이 그러셨대요. 우리 애들이 나보다 더 목마르다고. 급기야 어머니들이 아이들을 위해서 물을 나르기 시작했는데, 그때 우리 아이가 옆에서 선생님이 하는 말씀 듣고 무척 감동받았다고 그래요."

"그랬어요? 그 상황에서 어떻게 제가 혼자 그 음료수를 마실 수 있겠어요. 저뿐만 아니라 교사들은 생각이 다 같을 거예요. 단지 그 아이만 그때 제 말을 들었을 뿐이에요."

아이들이 알았으면 좋겠어, 세상에는 늘 너희를 생각하는 사람들이 있다는 걸. 교사생활을 하면서 가장 싫은 건, 대부분의 어머니들이 좋은 성적을 내는 것만이 학생의 의무인 양 내몰고 있다는 거야.

이제 겨우 4학년인 아이를 데리고 '우리 아이 평균이 얼마예요?', '우리 애는 공부 안 해서 어떡해요', '어떻게 해야 공부를 잘할까요?' 질문하는 어머니들이 많아. 그러면 나는 내 의견을 말해.

"교육철학이라고 하기엔 좀 어줍지 않지만 제 생각을 말씀드리자면, 학교를 즐겁게 가야한다는 거예요. 아침에 일어났을 때 학교에 갈 일이 기다려지는 것, 선생님을 보는 게 즐겁게 느껴지는 것, 그게 가장 중요하지 않을까요? 그 다음에 저는 제가 가르쳐야 할 지식을 교훈이라기보다는 이야기에 가깝게 풀어내요.

역사 공부를 하는 줄도 모르게 역사 이야기를 해 준다든가, 영어 공부를 하면서 국어의 중요성을 다시 설명한다든가. 아이들이 선생님처럼 지식인이 되고 싶다고 스스로 생각했으면 좋겠어요.

공부는 정말 재미있는 것이라고 생각해야죠. 그래야 스스로 공부할 수 있죠. 저는 그렇게 될 때까지 1년을 기다려줘야 하고요. 학교에서는 선생님이 공부해라, 집에서는 어머니들이 공부해라, 학원에서는 학원선생님들이 공부해라, 그러면 아이들은 그걸 왜 해야 하는지도 모르면서 공부만 잘하면 제 책임을 다하는 것처럼 생각하고. 아침부터 밤까지 듣는 공부 소리에 질릴 대로 질려서 공부하라는 말은 귓등으로 넘길 수밖에 없지 않겠어요?"

오랜 잔소리 때문에 마지못해 해 오던 공부 습관이 고쳐지기를 기다리는 데 1년이란 시간은 너무 짧을지 몰라. 그래도 공부를 하면 좋은 점이 많다는 걸 스스로 깨우칠 수 있게 기다려야지. 그래도 모른다면 개인 상담을 해. 상담 역시 상담 같지 않게 해야지. 예를 들어 청소 검사를 맡으러 온 아이에게 "청소 다 했니?" 물으면서 슬며시 손을 잡아. 이럴 때는 내가 여자고 아줌마인 게 얼마나 다행스러운지.

"우리 ○○는 얼굴도 잘 생기고 행동도 바르고 청소도 잘하고 착하기까지 하지. 머리도 좋고. 그런데 공부하는 데 조금만 더 노력을 기울이면 좋겠다."

아이는 부끄러워하며 "네" 하고 대답해.

"그러면 우리 내일부터 정말 열심히 공부해 볼까? 자, 약속!"

손가락을 걸고 도장을 찍은 다음날, 나는 수업을 하며 "선생님은 너를 믿는다" 몇 번이나 눈으로 말해. 그렇게 수업태도를 바꿔 나가지.

시험이 끝나고 다음날 아침 한 아이가 또 나를 웃겼어. 평균 90

점 못 넘으면 컴퓨터도 끊고 텔레비전도 끊고 학원도 끊고 다 끊어버린대. 한참을 웃었어. 공부가 뭔지 시험을 왜 봐야 하는지, 한참을 역설하고 난 뒤라 모두들 공부하는 자세를 취했어. 강요에 의해서 책상 앞에 앉아있는 공부가 아니라 정말 해야 한다는 생각에 하는 공부라고 하면서. 아이들 스스로 학교에서도 제법 공부하는 포즈를 하더니 결국은 해냈어. 어린 나이에 스스로 공부하는 모습만 봐도 부모님은 흐뭇하시겠지.

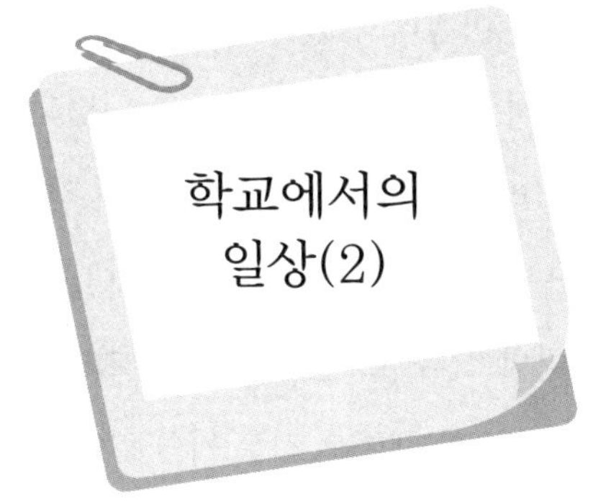

"천재는 99퍼센트의 노력과 1퍼센트의 영감이란다."

"선생님, 영감이 뭐예요?"

"여러분 모두가 가지고 있는 뛰어난 머리, 뛰어난 생각."

"그러면 바보는 99퍼센트의 영감과 1퍼센트의 노력이겠네요."

"선생님, 교과서 만드는 사람한테 전화 좀 해 주세요. 꺾은 선 그래프 제대로 그릴 수 있게 칸을 좀 더 넓혀 달라고요."

"응, 전화할게, 네가 그렇게 말했다고."

"아니 제가 했다고는 하지 마시고요, 선생님이 보실 때 애들이 불편할 거 같아서라고 말씀해주세요."

○○의 책상은 늘 어질러져 있어. 아무렇게나 쑤셔 넣는 습관 때문에 교과서를 비롯한 모든 물건이 너덜너덜해. 연필이 어디 있는지 몰라 늘 빌리러 다니기 일쑤고, 공책에 적은 글씨는 얼마나 엉망인지 알아볼 수가 없지. 책가방을 제대로 걸어놓는 법이 없어 아이들이 늘 밟고 다니고, 사물함은 열기만 하면 물건이 주르륵 쏟아지고, 준비물을 챙겨온 적은 거의 없어. 1년을 기다렸는데 고쳐질 기미가 보이지 않아. 본인은 많이 고쳐졌다고 하지만. 어느 날은 비가 오는데 완전히 젖어서 교실에 들어섰어.

"왜 이렇게 비를 맞았니?"

"비 온다고 아빠가 차 태워서 교문 앞에 내려줬는데요, 신발주머니를 차에 놓고 내려서 다시 집까지 뛰어갔다 왔어요."

1학년 교실.

알림장에 숙제를 쓴 뒤 괄호 안에 '부모님 도와 주세요' 라고 쓰게 했어. 다음날 세 분의 어머니가 찾아오셔서 깜짝 놀란 선생님,

"어떻게 오셨어요?"

알고 보니 세 아이가 '도와주세요' 의 '도' 자를 빼고 썼어. '부모님, 와주세요.'

2학년 교실.

수업이 시작한 지 3분 뒤, 교실 뒷문을 조심스럽게 열고 들어서는 한 아이.

"○○야."

"네."

주눅 들어 대답하는 아이.

"늦잠 잤구나."

여전히 겁먹은 목소리로 "아니요."

"그럼 왜 지각했어?"

"늦게 일어났어요."

반 아이들의 반응, "똑같은 말 아닌가?" 웃는 사람은 선생님밖에 없고.

국어시간.

"우리말을 잘하면 의사소통을 잘 할 수 있다,에서 의사소통이 무슨 뜻인지 아는 사람?"

모두들 발표하는 건 얼마나 좋아하는지 너나 할 것 없이 저요! 저요!

"그래, 네가 말해볼래?"

"의사하고 전화하는 겁니다."

"음……. 그래. 혹시 다르게 생각하는 사람?"

아무도 없음.

역시 국어시간.

"이제 '나의 꿈' 이라는 제목으로 글짓기를 할 거예요. 여러분이 생각하는 여러분의 꿈을 쓰는 거예요."

한참을 설명하고 글짓기를 시작하려는데 제일 앞에 앉은 아이가 손을 들더니 하는 말.

"선생님, 저 어젯밤에 꿈 안 꿨는데요."

4학년 교실.

부모님들만큼 아이들이 궁금해 하는 선생님 나이.

내 사랑에 감동받은 아이의 질문, "선생님 결혼했어요?"

아직 내 사랑을 느끼지 못한 아이의 대답. "저렇게 늙었는데 어떻게 결혼을 안 했을 수 있어?"

그날, 떡 데이날 쌀을 편지 봉투 하나에 한 봉지 씩 가지고 오라 했는데, 다음 날 쌀은 비닐 봉투에 담아오고 편지 봉투 한 장을 사들고 와서 "선생님 이 편지 봉투는 어떻게 해요?

오늘은 문장의 종류를 공부 하는 날. 문장에는 풀이하는 문장, 묻는 문장, 감탄하는 문장, 권유하는 문장, 시키는 문장이 있어요. 설명 하고나서 지금부터 선생님이 말하는 문장은 어디에 속할까요?

'오늘 일찍 일어났습니다.' 다 같이 교실 떠나가게 "풀이하는 문장."

'매일 운동을 합니까?' "묻는 문장."

'와! 세현이는 정말 예쁘구나!' 잠깐 쉬고, "거짓말 시키는 문장."

편지.

「선생님에게 ('께' 가 존댓말이라고 몇 번이나 가르쳤는데)

안녕하세요. 저는 ㅇㅇ이에요. 매일 공부를 가르쳐 주시고 그런데 우리는 매일 교실에서 들고 뛰어다녀서 먼지를 내고, 선생님이 그 먼지를 먹고, 목이 아프시고 죄송합니다. 그리고 역사 이야기도 해주셔서 감사합니다.」

「4학년 때 선생님께.

안녕하세요. 어느덧 2006년의 따스한 봄이 지나가고 있어요. 선생님과 함께 한 2005년도가 너무너무 좋았어요. 항상 감싸주시고 따뜻한 위로해 주시고. 선생님과 함께라면 모든 게 좋았어요. 제일 좋은 것은 만날 때마다 해주시던 따뜻한 포옹이에요. 차갑던 저의 마음을 매일 녹여주셨어요. 또 철부지 저를 매일매일 사랑해주시고 예뻐해 주시고, 선생님께 감사하다는 말밖에 할 수가 없네요. 선생님과 함께 했던 4학년 교실을 지나가면 너무너무 설레요. 선생님께서 저에게 해 주신 건 넘치는데 제가 선생님께 해드리는 건 고작 편지 하나인 것 같네요. 선생님과 함께한 시간이 저에게는 큰 추억이에요.

선생님만을 사랑하는 제자 ○○ 올림.

추신 : 선생님, 사랑해요 !」

「선생님, 안녕하세요. 이번에도 4학년 담임선생님이시죠? 제가 이 학교를 졸업하더라도 그대로 계세요. 가끔 선생님 뵈러 갈게요. 아 참, 선생님 그거 아세요? 제가 선생님을 처음 만났을 때는 매일 영어공부만 시키는 끔찍한 선생님인 줄 알고 나쁜 기억으로 남을 줄 알았는데, 선생님께서 그렇지 않고 좋은 것을 많이 가르쳐주셨다는 걸 5학년이 되어서야 알았어요. 정말 감사해요.

○○ 올림.」

지겹게 해서 미안하구나.

「선생님 안녕하세요. 저 ○○이에요. 4학년 때 많은 것을 가르쳐주셔서 정말 감사합니다. 선생님은 영어를 잘하시고 여행을 많이 다니셔서 정말 부러워요. 저도 커서 선생님처럼 살 거예요. 그리고 저 영어 열심히 해서 전공할 거예요. 선생님 나중에 만나면 저랑 영어로 대화해요. 그리고 지난 해 우리 반 애들이었던 친구들과 함께 여행 가요.

귀엽고 예쁜 ○○ 올림.」

뒷면에는 커다란 하트를 그리고 '사랑해요'를 아주 많이 썼어.

「선생님께.

안녕하세요. 저 ○○이에요. 매일 역사 이야기랑 외국 이야기 해 주셔서 고맙습니다. 선생님은 무섭지만 재미있을 때도 짱 많아요. 선생님 처음 볼 때는 진짜 무서웠는데 지금은 별로 안 무서워요. 제일 재미있는 것은 여행이야기예요. 그리고 말 안 들어서 죄송해요. 다음부터 안 까불게요. 공부 가르쳐주셔서 감사합니다. 그럼 안녕히 계세요.」

종업식 날 우리 반 아이가 직접 그린 그림과 함께 건네 준 편지

「선생님께.

선생님, 이제 저희도 5학년이 되네요. 오늘 음악시간에 '작별' 부르면서 약간 속상했어요. 지난 일들을 되돌아보니 매일 선생님께 혼나는 우리였지만 우리 반 교실에는 매일 웃음소리가 끊이지 않았지요. 한순간 한순간이 소중했던 우리에게 시간은 너무 밉고 야속해요. 시간이 언제까지나 멈춰 있다고 믿었는데 그렇게 빨리 가버리다니. ㅠㅠ 4학년 동안 더 착해질 걸. 공부 열심히 할 걸. 그래도 우리에게 많은 시간이 있으니까. 앞으로 열심히 해서 선생님과 친구들 앞에 존경받는 사람, 착한 사람, 노력하는 사람이 되어서 나타날 수 있도록 지금부터 노력할게요.

말썽쟁이 ○○ 올림」

칭찬 받는 장면을 그린 이 편지를 받고난 뒤, 한 명씩 악수하고 칭찬해주고 안아줬어. 한 아이가 내게 안겨서 하는 말.

"선생님, 저는 외교관이란 직업이 있는지도 몰랐어요. 선생님 덕분에 이제 꿈이 생겼어요. 선생님, 정말 고마워요."

그리고 아이들은 작년 선생님에게 찾아가 "좋은 4학년 반에 보내주셔서 감사합니다"라는 인사를 하고 돌아갔단다.

아이가 쓴 동시 한 편 소개한다.

「제목 : 선생님

선생님과 함께한 시간들
처음 만난 그날 우리 반은 만남의 장소였지

선생님께서 충고한 한 마디에
나의 귓속에 들어와 눈시울을 물방울처럼 초롱초롱하게 하네

선생님이 들려준 역사 이야기에
나의 눈은 선생님을 향해 집중되었지
그 한마디 한마디에 나의 지식은 up되고
선생님의 지식을 얻어냈지

선생님이 때리신 그 손바닥은
벌겋게 물들어 두근거렸지

아, 아
선생님과의 추억들

아, 아
선생님의 충고 한마디
개학식날 감사의 눈물로 보답하였지.」

다음은 오래 전 졸업한 학생들에게 온 편지야.

「보고 싶은 은사님 !

은사님 안녕하십니까? 건강하신지요 ! 간절히 뵙고 싶고 28년 전이 너무도 그립습니다. 이제야 저희들이 선생님을 찾게 되었습니다. 너무도 죄송합니다. 용서해 주세요. 앞으로의 시간은 은사님과 함께 하고 싶습니다. 사진과 함께 보냅니다. 보내는 주소에 살고 계시면 연락 좀 꼭 주십시오. 12월에 은사님과 함께 28년 전으로 돌아가고 싶습니다. 은사님 ! 너무도 보고 싶습니다.

— 교동초등학교 6-3반 졸업 제자 일동」

이 편지를 받고 너무 놀랍고 기쁜 나머지 이틀이 지나도록 연락을 못했어. 그런 기분을 어떻게 표현해야 할까? 운전을 하면서도 가슴 가득 즐거움이 차올랐어. 어쩌면 길을 걸으면서 실실거렸을지도 모르겠어. 28년 전 제자들은 편지와 함께 졸업앨범의 사진을 커다란 천에 스캔해서 보내왔어. 낯익은 얼굴들, 어떻게 변했을까?

글 아래에는 세 명의 휴대폰 번호가 기재되어 있었어. 가장 위에 있는 아이 — 아이라고는 하지만 마흔세 살의 아저씨가 된 — 의 번호로 전화를 걸었어. 통화를 하면서도 서로에게 느끼는 감동을 차마 다 표현하지 못했지.

12월로 약속한 만남이 내 스케줄과 맞지 않아 1월로 미뤄졌어. 29년만이 된 거야. 다른 사람들은 이런 순간의 감동을 어떻게 표현할까? 친구야, 너라면 어떻겠니? 1월 13일, 29년 전 제자들을 만난다는 설렘에 잠을 설쳤더니 얼굴이 푸석푸석했어. 하지만 까칠해진 얼굴 따위 아랑곳없이 내 마음속엔 형언하기 어려운 기쁨이 싹트고 있었어.

29년 전 스승을 만나기 위해 서울에서, 안산에서, 수원에서, 평택에서, 그리고 춘천에서 모여든 제자들은 서른세 명. 어린 소년 소녀였던 그들은 다음 세대를 이어나갈 우리 아이들의 부모가 되어 있었어. 우리는 횟집에 둘러앉았어. 식순에 따라 먼저 꽃다발과 은수저 한 벌을 받았어.

"진지 드실 때마다 저희를 생각해주기 바라면서 준비했습니다."

하지만 그보다 더 귀한 선물은 건강의 기원한다는 말과 함께 서른세 명의 아저씨 아줌마들이 올린 큰 절이었어. 내가 답사를 할 차례였어.

"너무 꿈만 같아서, 아니 그 기쁨을 좀 더 가지고 있고 싶어서, 이틀 동안 전화를 할 수가 없었어요. 마음을 가다듬고 총무에게 전화했더니 졸업 30주년에 선생님을 모시려고 한다고, 2년 후면 30주년이 된다고 하더군요. 그래서 내가 그랬어요. 나 2년씩 못 기다려."

내 말에 모두 웃음을 터트렸어.

"멀리서 와주신 여러분, 정말 감사합니다. 옛일을 생각할 때 가장 아쉬운 건, 다시 가르치라고 한다면 더 잘 가르칠 수 있지 않을까, 더 많은 사랑을 줄 수 있지 않을까 하는 것……. 그때는 젊었고 사랑보다 의욕이 더 앞섰던 것 같아요. 그래도 정말 고맙고 기쁩니다."

사실은 더 좋은 말을 하고 싶었어. 하지만 어떻게 해도 내 속에 가득한 그 사랑을 말로 다 표현하지 못했을 거야.

'스승의 은혜'를 합창하며 1부 순서가 끝났어. 불혹을 넘긴 제자들의 술잔에 술을 따라주고 건배하고 푸짐한 동해안의 회를 먹었어. 제자들은 음식을 먹으면서 옛날이야기를 했어.

윤인순이라는 남학생은 이런 이야기를 했어.

"수업 중에 화장실이 급해서 나갔다가 돈을 주웠어요. 1500원인가, 당시로서는 굉장히 큰돈이었죠. 근데 수업이 끝나고 친구 하나가 돈을 잃어버렸다고 해서 난리가 났어요. 반 아이들 모두 책상 위에 올라가서 눈 감고 손들고 선생님께 긴 설교를 듣고……. 그러면서도 제가 주운 돈이 친구가 잃어버린 돈이라고 연결해서 생각을 못했어요. 집에 돌아가서야 그 돈이 그 돈인가 싶었죠. 근데 다음날 학교에 가서 말하려니까 내가 괜히 도둑으로 몰릴 것 같더라고요. 결국 못했죠. 그 긴 시간 동안 그게 늘 가슴에 맺혔어요. 선생님 만나면 이 이야기를 꼭 해야겠다고 생각했어요."

그래, 이제 그 죄책감에서 해방되어야지. 얼마나 오랜 시간 편치 않은 마음으로 지냈을까. 그때 일 때문에 나는 아이들에게 그런 말을 해.

"여러분이 교실에서 돈을 잃어버린다면 나는 찾아줄 수 없다. 왜냐하면 그 순간부터 나는 여러분을 믿지 못하게 되고, 여러분도 서로서로를 믿지 못하게 되기 때문이다. 일단 학교에 큰돈을 가지고 오지 않았으면 좋겠다. 부득이하게 가져왔을 경우에는 스스로 관리를 잘해서 잃어버리지 말아야 한다."

윤명섭이라는 제자는 어엿한 사진기자가 되었어.

"선생님이 기억하실지, 전 굉장히 장난꾸러기였어요. 장난친다고 어른들한테 많이 맞았는데. 6학년이 되도록 그 버릇을 못 고쳤어요. 제가 여자애들 고무줄을 많이 끊었죠. 여자애들이 화나서 선생님께 이르면 선생님은 늘 그러셨어요. 명섭이가 너를 좋아해서 그러는 거다. 그러면서 선생님은 한 번도 절 때리지 않으셨어요. 근데 지금 제 아들이 저만큼 장난꾸러기니 어쩌죠?"

권오길이라는 학생은 이런 이야기를 했어.

"우리 반에 야구선수가 여섯 명 있었는데 그중에서 저만 나머지공부를 했어요. 어느 날 야구하러 갈 시간인데 선생님이 공부도 중요하다면서 안 보내주셨어요. 결국 운동장에 늦게 나갔는데 선생님이 보시는 앞에서 코치선생님이 몽둥이로 절 얼마나 때리시는지. 제가 화가 나서 야구 안 하겠다고 했더니 선생님이 그러셨어요. 미안하다고, 야구 열심히 하라고. 손가락 걸고 도장까지 찍었죠. 저는 신사임당이 얼마나 훌륭한지 모르지만, 저한테는 선생님이 신사임당이었어요. 선생님 생각날 때마다 졸업앨범 속에 선생님 얼굴을 얼마나 쓰다듬었는지 몰라요."

알고 보니 고교야구로 전국 8강까지 해낸 선수가 바로 그 아이였어. 그 후 야구특기생으로 대학에 진학했고. 방송에서 봤는데 그 선수가 내 제자인 줄은 몰랐지. 29년 전 그날, 내 앞에서 아이를 때리는 야구코치가 얼마나 미웠는지, 그리고 아이에게 얼마나 미안했는지.

아이들 모두가 기억하는 건 눈이 엄청나게 많이 오던 날이야. 운동장에 눈이 쌓이자 아이들은 모두 창밖에 정신이 팔렸어. 나는 수업을 중단하고 아이들을 데리고 나가 신나게 눈싸움을 시작했지. 결국 교장선생님께 불려가 훈계를 들었는데. 그래, 그런 적도 있었구나.

어쩌면 다들 그렇게 잘 살고 있는지. 정말 내가 잘 가르친 걸까?

건설회사 사장인 제원이는 두 아들이 모두 학교후배래. 그래서 모교에 체육관을 지어줬다네. 평소에도 불우이웃 돕기에 열의를 가지고 있다 하고. 그리고 오기는 친구들을 찾느라 가장 고생이 많았어. 커다란 천에 졸업앨범 사진을 스캔해 동창들에게 보내준 장본인이기도 하고. 영옥이도 동창들에게 전화를 하느라 고생이 많았고.

옥녀의 어머니는 시장에서 생선 장사를 하셨는데 돌아가신 내 친정어머니가 시장에 가면, 담임선생님 어머니라고 늘 덤으로 생선 한 마리를 더 넣어주셨어. 그게 우리 어머니에게 얼마나 자부심을 줬는데. 옥녀도 아주 예쁜 아줌마가 되어서 나타났어. 공부를 열심히 했던 명희는 약국을 운영하고, 머리가 좋고 책 읽기를 즐겼던 한규는 교수님이 되어 강단에 서고 있고, 이번에 참석을 못한 남훈이도 교수님이 되었대.

혜영이, 경희, 혜숙이, 창열이, 창원이는 모두 교사가 되었어. 갑식이, 진휘, 연원이는 그렇게 입사하기 어렵다는 대기업에 취직해 잘 살고 있고. 그리고 사장님은 또 왜 그리 많은지. 승원이, 작은 남훈이, 인순이, 오기……. 악기조율사가 된 방헌이, 축산업을 하는 재호, 학교 다닐 때의 착한 마음 그대로 어른이 된 갑순이, 예쁜 아줌마가 되었지만 내 눈엔 어린 제자로만 보이는 은순이, 철용이, 태숙이.

그날 이후에도 자주 전화하는 종두, 통화하면서 내가 "한 잔 했구나?" 물으면 "아니요, 두 잔 했습니다. 선생님, 또 보고 싶습니다" 말하는 종두. 문식이는 키가 얼마나 큰지 처음에는 못 알아봤어.

"선생님이 제 첫사랑이었습니다."

그렇게 말한 남식이는 인테리어 업체 사장님이야. 종부는 여전히 큰 키에 미남이고. 그리고 재호는 열심히 일하는 건 좋은데 아직 총각이라 걱정이네. 훈이, 남익이, 영수, 규철이……. 고마운 내 제자들. 하나같이 멋있고 예쁜 나의 제자들.

2차로 노래방에 갔다가 헤어졌어. 헤어지기 전 나는 이렇게 인사했어.

"내가 여러분의 선생님이 될 수 있었던 것을 하나님께 감사드리고 싶습니다. 다시 만날 때까지 더 건강하고 멋진 여러분이 되기를."

그날 우리는 만남을 기념하며 사진을 찍었어. 사진 속의 나는 '선생님, 보고 싶었습니다. 사랑합니다' 라는 글이 적힌 현수막 앞에 꽃다발을 들고 서 있어. 김오기는 그 사진과 서른세 명의 단체 사진을 함께 넣어 만든 아주 특별한 달력을 보내줬어. 어린 시절 늘 조용히 앉아있기만 했다는 오기, 고마워. 나는 달력을 내 방 벽에 걸었어. 매일 잠들 때, 그리고 눈 뜰 때 볼 수 있도록. 선생님도 여러분을 사랑한단다.

새해를 여는 기도

「주여, 다시 새해를 맞습니다. 저를 위해 기도합니다. 제 마음에 깊이를 허락하시어 내 눈의 들보보다는 내 친구들의 눈 속에 있는 티끌에 아파하도록 해주세요. 노여움의 불씨를 사랑으로 바꿀 수 있는 능력을 허락해주세요. 나는 이만큼 했는데 너는 왜 그렇게 못하냐는 아집으로 스스로를 상처내지 않게 하시고, 대신 내 사랑이 부족했음을 깨닫게 해주세요. 내 이기심으로 사랑하는 사람들에게 상처를 준 일이 있다면, 당신의 손으로 제 이기심을 덮어 주세요. 이제 어제와 똑같이 떠오르는 태양을 보며, 저 태양이 어제보다 나은 태양이기를 바랍니다. 고향의 눈밭 위에서 함께 사진을 찍은 내 친구들의 마음에 한없는 축복을 내려주시고, 소중한 그 기억으로 매일 매일을 살아가는 친구들이 있다는 걸 기억해주세요. 이렇게 쓸 수 있는 공간을 주셔서 감사합니다. 이 자리에 오면 언제든지 만날 수 있는 친구의 깊은 사랑도 깨닫게 해주세요.

어린 시절의 친구들을 사랑하며,

그리고 올해가 그대들에게 최고의 해가 되기를 기원하며

2007년 1월 1일」

인도 여행

2007년 1월 20일, 인도에 도착했어. 호텔에 가느라 택시를 탔는데 이거야 원, 신호등도 차선도 다 무시하고 달리더라고. 차선과 신호등이 생긴 게 겨우 2,3년 전이래. 끊임없이 경적을 울리는 이유는 뭘까. 손님을 태웠다는 인도 택시만의 표시법일까? 아니면 모든 차들이 다 그러는 걸까? 차간거리가 손바닥만큼 있어도 파고들어 달리니, 차라리 눈 감고 있는 게 속 편하겠더라고. 동행한 헬퍼가 신경 쓰지 말라는데도 가슴이 어찌나 뛰는지.

"너의 운전이……."

"Good이라고?"

"음……, 아니. Very good이라고."

인도에 도착한 첫 소감은 그런 거였어. 살아서 돌아가기만 하면 행운이겠구나. 무사히 숙소에 도착했을 때 일행은 가슴을 쓸어내렸어.

숙소는 호텔이라고 하지만 휑하기 이를 데 없었어. 하지만 목욕할 수 있는 것만도 큰 축복이래. 다음날 아침 헬퍼가 식당으로 안내해줬어. 그나마 이 동네에서 먹을 만한 식당이라는데 여러 개의 골목을 거쳐 가야 했어. 아마 다시 찾아가래도 못 갈 거야. 건물에 도착해서도 구불구불한 나선계단을 몇 번이나 굽이돌아 옥상으로 올라갔어. 옥상에 앉아 야채 샌드위치를 시켜놓고 보니, 주방 보조하는 아이가 쓰는 행주가 웬만한 걸레보다 더 지저분하더라고. 안 보는 게 나을 뻔했지. 그래도 목구멍이 포도청이라고 과일주스와 함께 먹는 샌드위치 맛은 일품이었어.

식당을 나와 델리에서 계급이 가장 낮은 사람들이 산다는 거리를 산책했어. 길에는 소똥과 개똥이 지천이었어. 똥을 밟을세라 아래를 살피기도 바쁜데, 좁은 거리를 오가는 릭샤에 치이지 않기 위해 주변에 대한 주의 또한 게을리 할 수 없고. 사이클 릭샤는 자전거 뒤에 사람들이 앉을 수 있게 의자를 만들어 운행하는 거야. 나도 타봤는데 내 몸무게에 내가 멘 배낭 무게까지 더해져, 운전하는 아이들이 얼마나 힘들까 싶었어. 오토 릭샤란 것도 있어. 한화로 100만 원만 정도면 살 수 있는데 우리나라 옛날 삼륜차와 비슷하게 생겼어. 소, 개, 릭샤, 거기다 승용차까지 살펴야하는 산

책은 쉽지 않았어.

오후에는 바라나시에 가기로 되어 있었어. 델리 역까지 릭샤를 타고 가서 한 시 이십 분 기차를 탔어. 역 안에 처음 보는 기계가 있어서 뭔가 했는데 몸무게를 재고 거기에 따라 돈을 다르게 받더라. 우리가 타는 기차의 등급은 3tire sleeper. 한국에 소개된 바로는 그리 나쁜 편이 아니지만 그렇다고 좋은 자리일 거라는 기대 또한 없었어. 인도에 도착하면서 그런 기대는 버리는 게 낫겠다 싶었거든. 3층으로 된 침대칸이라 3tire sleeper인가봐. 일단 누우면 일어나 앉을 수가 없어. 머리가 위의 침대에 닿거든. 3층 침대일 경우는 천장에 닿고. 3층 꼭대기가 내 침대였어. 나이가 많다고 제일 덜 추운 자리를 배정해줬대. 사다리를 밟고 올라간 뒤 운동화는 머리맡에 두고 배낭을 베개 삼아 누웠어. 딱 한 사람이 누울 수 있는 자리.

"운동화도 집어간다. 배낭도 훔쳐간다. 귀중품은 침낭 속에 넣고 자라."

헬퍼의 사전교육대로 한 거지. 제일 덜 추운 자리지만 추위를 지독히 타는 내게는 견디기 어려웠어. 제대로 닫을 수 있는 창문이 거의 없어서 달리는 기차 속으로 바깥바람이 들어왔거든. 자다가 배낭에서 점퍼를 꺼내 한 겹 더 덮었어.

헬퍼가 이번 여행에 대한 명단을 받고 깜짝 놀랐대. 나랑 내 친구 나이 때문에. 배낭여행 같은 경우 가장 나이가 많은 사람이 마흔일곱 살이었다고 하더라. 하긴 나도 이번 여행을 조금 망설이긴 했어. 하지만 이번 기회가 아니면 언제 내가 꿈이나마 인도 여행을 생각할 수 있을까, 싶었어. 예전에 이집트에서 열두 시간 동안 기차 타고 카이로에 간 적이 있었는데 그때 일을 생각하면서 용기를 냈어. 그때는 사막에서 베드윈 족들과 텐트 치고 자다가 너무 추워 차 속에서 밤새 떨기도 했는데 이 정도쯤이야, 하는 오기랄까.

여섯 시쯤 도착이라 헬퍼가 다섯 시에 우리를 깨웠어. 밤새 덜덜 떨다 일어난 느낌이라 몸이 개운하지 않았지만 새벽 기차 안에서 먹는 따뜻한 차이의 맛은 잊을 수 없을 것 같아. 5루피이니 우리 돈으로 130원쯤 되나봐. 인도에 도착한 지 하루 만에 우리 꼴은 엉망이었어. 세수도 못하고 잠도 설치고. 그렇게 인도에서의 둘째 날이 밝아오고 있었어. 사람 사는 동네가 가까워졌는지 창밖으로 하루를 시작하는 사람들의 모습이 하나 둘 보였어. 드디어 바라나시에 도착한 거야.

바라나시는 어머니의 강, 성스러운 강, 갠지스가 있는 곳이야. 사이클 릭샤를 타고 호텔로 가 짐을 내려놓고 갠지스 강 메인가트로 갔어. 메인가트는 계단인데 각각의 가트마다 신들의 이름을 붙여놓았어. 그곳에는 거지들이 길게 늘어앉아 있었어.

▲ 인도인들이 신성시 하는 갠지스 강

헬퍼의 도움으로 갠지스 강 근처 어지러운 골목 속에 자리 잡은 '라가 카페' 라는 이름의 한국식당에 갔어. 인도음식은 처음 먹는 사람들에게는 어려운 음식일 수 있기 때문에, 먹을 것이 마땅치 않으면 아무거나 먹지 말고 과일로 때우라는 조언을 들었어. 기차에서 내내 과일로 끼니를 때웠더니 신물이 나서 어떤 거라도 음식이면 좋겠다고 생각했어. 그러던 차에 한국식당에서 김치찌개를 먹었으니 얼마나 감사한지.

점심을 먹고 헬퍼와 헤어졌어. 그의 도움 없이 친구와 사이클 릭샤 두 대를 흥정했는데 그때의 뿌듯함이란. 우리끼리도 할 수 있다는 자신감이 들었어. 힌두 대학 박물관을 탐방했어. 인도의

▲ 갠지스 강의 일출

문물들을 보고 대학 카페에 들러 인도 음식인 라시를 시도해봤어. 라시를 먹고 다시 갠지스 강의 가트를 따라 헬퍼와 약속한 장소로 갔어. 성스러운 신들의 이름을 붙인 가트는, 그러나 사람과 온갖 동물들의 분비물이 흩어져 있어 조심해서 걸어야 했어.

갠지스 강 근처에는 스물네 시간 시체를 태우는 화장터가 있어. 좀 무섭지 않을까 했는데 막상 가보니 두렵기보다는 도리어 차분해지는 느낌이었어. 시체들이 도착하면 네 사람이 들것에 실린 시체를 강가로 가지고 가. 그리고 강물에 한 번 담근 뒤 포개진 장작 위에 시체를 놓아. 다음에는 불을 붙일 솜방망이를 들고 장작더미 주변을 돌다가 불을 지르는 거야. 시체는 타들어가지만 우는 사람은 하나도 없어. 나 역시 그 광경을 보며 삶과 죽음은 손바닥 뒤집기라는 생각이 들었어. 재는 강에 뿌려졌어. 내 눈에 비친 갠지스는 성스러운 강이 아니라 거의 오염된 강이었는데, 다들 행복한 표정으로 그 물에 몸을 씻거나 병에 담아 마시거나 했어. 과학적으로 믿어지지 않지만 그 물을 먹고 탈이 난 사람은 아무도 없대.

네 시쯤, 점심 때 들른 한국식당에서 닭백숙을 먹었어. 배낭여행치고는 아주 고급이지? 저녁 여섯 시부터는 배를 타고 힌두 예배드리는 모습을 봤어. 야자수 잎으로 엮은 손바닥 크기의 접시에 금송화를 놓고 그 위에 촛불을 켜서 강물에 떠나보내는 의식도 했어. 소원을 비는 의식인데 인도 최고계급이라는 사람들이 주도해 나가고 있어. 배마다 그 의식을 보려는 관광객들이 가득했어. 보트를 젓는 스물여덟 살의 청년은 보트대회에서 3년 연속 우승을 했대. 우리나라 모 방송국에서 다큐멘터리를 찍으러 인도에 왔을 때 자기도 출연했다고 자부심이 대단했어. 온 강가에 예배 음악이 울려 퍼졌어.

저녁에도 강가의 화장터에서는 여전히 시체를 태우는 불길이 넘실거렸어. 스물네 시간 동안 끊임없이 태운다는 말은 사실이었어. 다른 지방, 예를 들면 인도 남부에서 죽은 사람은 여기까지 시체를 운반하기가 힘드니까 그 동네에서 태운 뒤 후손들이 재를

▲ 인도의 전통 춤

가지고 이곳으로 온대. 갠지스 강에 뿌리려고.

저녁 여덟 시에는 인도의 전통악기를 연주하는 음악회에 가기로 했어. 관객은 우리 일행인 여섯 명이 전부였어. 오직 여섯 명의 관객을 위하여 전통악기를 연주해준 그들은 가족이래. 사회자가 소개하길 집안 대대로 그렇게 연주해왔대. 30분 남짓한 연주가 끝나자 무희가 나와서 인도 전통춤을 췄어. 정말 놀랄만한 솜씨였어. 알고 보니 치마를 입고 화려하게 화장한 그는 여자가 아니라 남자였어.

여섯 명을 위하여 한 시간 이상 열심히 공연한 입장료가 1인당 100루피, 한화로는 2500원, 여섯 명이니까 1만 5000원이야. 공연에 참가한 사람은 사회자까지 포함하여 네 명이니까 한 사람에게 얼마씩 돌아갈까. 박수를 치며 열심히 감상했지만 내가 그래. 속으로 그들이 나눠가질 돈 계산을 하는, 때 묻은 중년의 한국 아줌마야.

지난 밤 스무 시간 이상을 추위에 떨며 기차를 타고 온 터라 음악회가 끝나자 피곤이 몰려왔어. 호텔로 돌아와 씻고 잠든 시간은 열한 시쯤. 다음날 갠지스 강의 일출을 보려면 늦어도 아침 여섯 시에는 사이클 릭샤를 타야 했어. 이젠 사이클 릭샤를 타는 것도 적응이 됐어.

다음날 새벽, 그러니까 인도 여행 사흘 째. 어슴푸레한 어둠을 뚫고 호텔을 나서자 이미 그 앞에는 수많은 사이클 릭샤들이 진을 치고 있었어. 한화로 치면 600원 정도 되는 돈을 벌기 위해 이른 아침부터 나와 있는 그들을 보자, 책으로만 접했던 청계천 지게꾼들의 모습이 잠시 머릿속을 스쳤어. 릭샤! 하고 부르면 열 명이 넘는 릭샤들이 100미터를 경주를 하는 선수들처럼 잽싸게 손님 앞으로 달려와. 제일 빨리 온 사람이 손님과 흥정에 들어가면 나머지 사람들은 약속이나 한 듯 제자리로 돌아가고.

릭샤 세 대에 여섯 명이 나눠 타고 갠지스 강으로 향했어. 새벽공기가 차니 옷을 두껍게 입고 가라는 헬퍼의 조언에 따라 입고 간 바지 위에 전날 산 펑퍼짐한 바지를 껴입고 점퍼 속에는 조끼를 겹쳐 입었어. 그래도 보트를 타자 차가운 새벽공기가 옷을 뚫고 들어오더라.

사실 동트는 걸 보기 위해 그 새벽에 잠을 설쳐가며 나갈 필요가 있나 했어. 우리 시골의 일출도 무척 아름답거든. 그런데 그 새벽, 남녀노소 할 것 없이 그 찬물에 몸을 씻으러 나왔더라고. 부모를 따라 나온 어린아이들까지 발발 떨면서 젖은 몸에 수건을 걸치고 의식에 순응하는 모습을 보자 묘한 기분이 들더라. 죄를 씻기 위해서라고 했던가. 그 시간에도 화장터에는 시체가 타고 있었어. 살고 죽는 것은 무엇인가. 어떻게 살고 어떻게 죽을 것인가. 나는 삶과 죽음의 아이러니 속에 하루하루를 살고 있는 것인가. 갠지스 강의 새벽 풍경을 보기 위해 전 세계에서 몰려든 저 수많은 여행자들은 무슨 생각을 할까. 돌아가면 각자의 삶은 조금이나마 다른 빛깔을 가질까. 바야흐로 새빨간 태양이 물 위로 떠오르고 있었어.

보트대회에서 3연승을 했다는 인도 아이에게 (내 눈엔 아이처럼 어려 보였지만 사실은 자식까지 둔 어엿한 아빠야) 너도 힌두교냐고 물었더니 그렇대. 그래서 너도 저렇게 매일 몸을 씻느냐고 했더니, 자기는 특별한 의식이 있는 날만 씻는대.

호텔로 돌아와 아침식사를 하고 지프차를 빌려 한국인 스님이 운영한다는 녹야원으로 향했어. 도착했을 때는 오후 한 시. 모두

배가 고팠는데 스님 말씀이, 공양할 분들이 도착할 것 같아서 기다리고 있었대. 그게 우리 팀인지는 몰랐지. 부엌으로 들어가 밥을 하고 된장국을 끓였어. 그곳 숙소에는 한국인 배낭 여행객들이 있었는데 젊은 선생님들이었어. 그들과 함께 점심을 먹고 사르나트 박물관으로 출발했어.

오래 전 석가가 보리수나무 아래서 설법했다는 곳에 도착했어. 보리수나무는 천으로 꽁꽁 싸여 보호를 받고 있고, 나무 밑에는 석가와 제자들의 형상을 재현해 놓았어. 인도의 다른 신들이 사는 사원과 비교하면 허술하기 짝이 없지만, 여전히 가난한 사람들이 많은 인도에서 신이 사는 집을 호화롭지 않게 만든 건 석가모니의 높은 뜻일지도 몰라.

오후 내내 그 허물어진 유적지를 돌다가 붉은 옷을 걸친 스님을 만났어. 일행 가운데 한 사람이 함께 사진을 찍자고 하자 다정하게 포즈를 취해줬어. 그런데 사진을 찍고 나자 손가락을 까딱거리며 돈을 달라는 시늉을 하는 거야. 그때의 황당함이란. 새로운 인도와의 만남이랄까.

네 시간쯤 호텔로 돌아와 짐을 정리했어. 아그라로 가야 했거든. 밤기차를 타고 열세 시간이나 가야하는 곳이야. 지난번에 탔을 때보다는 나을 것 같았어. 이제 침낭 속에서 자는 방법도 터득했고 추위를 이길 방법도 모색해 두었거든. 기차역에 도착하니

철로에는 오물이 가득하고 사람이 모인 곳마다 지린내가 풍겼어. 인도인 부부가 이미 좌석을 차지하고 있어서 우리 그룹은 흩어져 앉아야 했어. 문득 이집트 침대 기차가 그리워졌어. 2층 침대였는데 각자 드나들 수 있는 문도 있고 아침식사와 저녁식사도 배달해줬거든. 인도도 요금이 비싼 좌석은 그렇게 되어 있다고 해서 돈을 더 낼 테니 자리를 바꿔달라고 했는데, 빈자리가 없대.

한국식당에서 준비해온 도시락으로 저녁식사를 하는데 그 인도인 부부가 자기네 음식도 먹어보라고 권하더라. 과자 같은 음식을 밥하고 섞어 먹었는데 그리 나쁘지 않았어. 저녁을 먹고 난 쓰레기를 봉지에 담아서 좌석 아래에 두었는데 인도인 부부가 쓰레기를 달라고 하더니 창문 밖으로 던져버렸어. 다음날 차이를 한 잔 마시고 나도 그 컵을 창문 밖으로 냉큼 던져버렸어. 못된 습관이 무슨 스트레스 해소법인 양 생겨버렸지 뭐야. 학생들에게 환경 교육을 그렇게 시켰는데. 우리 아이들이 이 모습을 보면 뭐라고 할까.

인도 여행 나흘째 새벽, 아그라에 도착했어. 호텔에 짐을 풀고 그 유명한 타지마할과 아그라 포트에 갈 채비를 했지. 타지마할 입장료가 인도인은 5루피(120원)인데 외국인 1000루피(2만 5000원)래. 세상에. 그 돈으로 특권층들이 잘 먹고 잘 사는 거겠지. 죽은 왕비를 위하여 22년간 매년 2만 명씩 동원하여 지었다는 타지마할. 완성 후에는 그렇게 아름다운 궁전을 다시 짓지 못하도록 장인들의 손을 다 잘라버렸다는 이야기.

한 여자를 잊지 못한 왕의 사랑의 소원을 들어주기 위해 얼마나 많은 사람들이 죽어갔을까, 하는 생각에 다소 뜨악한 기분으로 찾아간 타지마할이지만 이 세상 것이라곤 생각할 수 없는 그 아름다움에 나는 넋을 잃고 말았어. 타지마할 하나만 보더라도 인도에 간 것을 후회하지 않을 것 같아. 일행들이 없었다면 가만히 앉아서 몇 시간이고 바라봤을 거야. 그래도 시간 가는 줄 몰랐겠지. 타지마할의 신비로운 아름다움을 어떻게 표현해야 할까. 찬사조차 조심스러워. 일행 가운데 하나는 어느 서양인 노부부가 앉았다 일어난 자리에 앉았는데 자리에 눈물이 떨어져 있더래. 아름다운 것을 보면 가슴이 뛰는 나는 심장이 콩닥거려서 아무 말도 할 수 없었어.

물속에 비친 타지마할을 찍기 위해 친구와 셔터를 누르느라 정신이 없는데 어느 인도인이 함께 찍어줄 테니 서 보라고 하는 거야. 이렇게 해 봐라, 저렇게 해 봐라, 포즈까지 취하게 해 줘서 참 친절하구나 생각했는데 아니나 다를까, 또 "give me money" 래. 우리의 어린 시절이 생각났어. 수십 년 전 우리나라의 현실이 바로 'Give me chocolate, Give me gum' 이었잖아.

폐관 시간이 되어 우리는 아쉬운 발걸음을 돌려야 했어. 타지마할과 담 하나를 사이에 둔 쓰레기와 오물의 세계로 돌아온 거야. 이제 제법 인도생활에 익숙해졌다는 자신감을 가지고 저녁에는 인도음식을 시도하기로 했어. 헬퍼를 만나 호텔 근처에 있는 식당에 들어가 탄두리를 주문했는데 영 먹은 것 같지가 않아 라시를 주문했어. 그런데 바깥에서 웬 밴드 소리가 들리는 거야. 웨이터에게 페스티발이냐고 물었더니 결혼식이래. 주문한 음식이 나오기도 전에 일행들이 길거리로 우르르 나가자 웨이터가 기겁을 하더라. 그래서 구경만 하고 올 테니 걱정 말라고 했지.

신랑은 말을 타고 신부 친구들과 신랑 친구들은 밴드에 맞춰 춤을 추고. 우리도 그 행렬에 끼여 잠시 춤을 췄는데, 그들 사이에서 등불을 들고 따라다니는 사람이 우리한테 자꾸 들어가라고 하더라. 그런데 어휴, 등불 든 사람이 또 돈을 달래. 등불 밑으로 손을 내밀며 "Give me money." 식당으로 돌아왔는데 우리 자리에 다른 사람이 앉아 있었어. 다른 자리에 앉아 라시를 먹고 숙소로 돌아왔어.

인도에서의 닷새째. 다음날은 버스를 타고 이동했어. 오전 열한 시 버스. 인도 시간은 믿지 말라고 하던데, 예전 우리나라의 코리안 타임처럼. 우리가 코리안 타임을 벗어난 지 얼마나 되었을까. 그날은 20, 30분 정도 늦게 출발하고 한 시간 정도 연착되었어. 다시 그 지방 버스로 갈아타고 자이푸르로 출발했어. 포장은

했지만 다듬어지지 않은 길이라 차가 무척 덜컹거렸어. 그 옛날 우리나라 신작로쯤 될까. 일곱 시간을 달리는 내내 바깥에는 유채꽃이 만발해 있었어. 가도 가도 끝이 없는 유채꽃밭. 제주도에 유채꽃이 필 즈음이면 전국에서 사람들이 몰려드는데, 이곳에 펼쳐진 저 꽃밭은 제주도의 몇 배나 될까.

한참을 갔는데 휴게소에 들를 생각을 안 하더라. 저 버스기사는 배도 안 고플까. 네 시간 가까이 경적을 울리며 달려왔는데. 이윽고 기사는 어느 시장터 부근에 차를 세우며 점심과 화장실을 해결하라고 했어. 이미 점심시간은 훨씬 지나 있었는데 말이야. 화장실이 따로 없는 게 좀 고역스러웠어. 남자들은 식당 옆 언덕이 화장실이고, 여자 화장실이라고 가리킨 곳에는 밭 귀퉁이에 함석판 하나가 덜렁 놓여 있었어. 아, 자연인이 되어라.

일곱 시가 가까워서야 자이푸르에 도착했어. 호텔에 짐을 풀고 나니 허기로 쓰러질 것 같았어. 호텔식당은 비싸서 밖으로 나갔어. 이제껏 인도에서 보지 못한 세련된 도시라 식당 찾기도 수월할 것 같았거든. 밤에는 되도록 바깥출입을 하지 말라는 헬퍼의 말도 있었지만 이제 제법 인도 생활에 익숙해졌다는 자신감도 있었고. 일행들과 밤길을 걷는데 길 건너 어딘가에서 음식 냄새가 풍겨왔어. 식당일 거라 생각하고 들어간 곳에는 약혼 파티가 한창이었어.

갑자기 들이닥친 외국인들 때문에 약간 놀란 듯 했지만, 곧 인도 특유의 친절함이 배어나왔어. 다들 우리를 둘러싸고 어디서 왔냐, 이름이 뭐냐, 저 친구 이름은 뭐냐, 이 친구 이름은 뭐냐. 알고 보니 그가 알고 있는 영어는 그것뿐이었어. 정말 이야기가 하고 싶었나봐. 급기야 음악을 틀어놓고 그들과 함께 춤을 추고 놀았어. 신랑은 자기가 주인공이라며 사진 찍는 데 동참해주고. 영어를 할 줄 아는 인도 친구가 말했어.

"우리 결혼식에 왔으니 너희는 우리 가족이다."

그 친절을 어떻게 받아들여야 할까. 아무것도 안 따지고 낯선 사람을 받아주는 그들. 하객들이 우리 주변으로 몰려들어 같이 사진을 찍자고 청했어. 더 있다가는 주객이 전도될 것 같아 그쯤에서 인사를 하고 나왔어. 그곳에 산처럼 쌓인 음식들도 먹고 싶었는데.

조금 비싸더라도 호텔 음식을 먹자 싶어서 숙소로 돌아왔어. 포리라는 음식을 먹고 옥상에서 열린다는 무료 음악회를 보러 갔어. 두 명의 무희가 준비한 인형으로 인도 전통무용을 선보였어. 공연료에 팁까지 냈어.

인도 엿새째. 아침식사를 하기 전 오토 릭샤를 타고 시내를 관람하는 게 어떨까 했는데, 타지마할 근처와 달리 기사가 영어를 못하더라고. 지나가는 사람의 통역으로 400루피(한화 1만 원)를 내고 세 사람이 한 시간 동안 쓰기로 했어. 시내를 돌아 호수에 떠 있는 유적지로 데려다 주었어. 그곳에는 단장한 코끼리들이 어딘가를 향해 걷고 있었어. 먼발치에서 코끼리 트레킹 하는 곳을 카메라에 담고 돌아섰어. 호텔로 돌아와 식사를 하고 핑크시티에 갔어. 웅장한 유적지 정문에서 입장료를 받는데, 정문 옆 담벼락이 바로 남자들의 변기인 거야. 누가 보든 말든 다들 거기에서 볼일을 보고, 우리가 걷는 길로 오줌줄기가 흘러내리고. 진동하는 지린내는 차마 견디기 어려웠지만 어쩔 수 없지. 인도잖아.

박물관 내부는 또 다른 인도를 보는 것 같았어. 공예품, 그림, 뛰어난 솜씨를 한눈에 알아볼 수 있을 만큼 대단했어. 그 옛날 아주 몸집이 큰 왕이 있었다는 의상, 전쟁을 위한 무기, 갠지스 강의 물을 길어오기 위해 만들었다는 세계에서 가장 큰 은 항아리. 그곳에서 25달러 달라는 수제 신발을 흥정해 2달러에 샀어. 알고 보니 그것도 비싼 가격이더라.

점심 식사 후 델리로 돌아가야 했어. 버스는 예의 경적소리를 요란하게 울려대며 달렸어. 끊임없이 눌러대는 그것 때문에 연료 소모가 더 심한 건 아닐까. 버스는 커다란 트럭을 쉴 새 없이 추월했어. 손바닥만 한 간격을 남겨두고 트럭과 트럭 사이를 지나갈 때 얼마나 가슴이 떨리던지. 그러다 교통사고가 나면 '전생에 지은 죄' 때문이라고 생각한대.

일곱 시간 후 델리에 도착해서 며칠 전 묵었던 '빠하로 간지' 라는 호텔로 갔어. 인도에서의 첫날 우리 숙소였던 곳이야. 호텔이라고는 하지만 우리나라 모텔보다 훨씬 못한 것 같아. 다음날이면 일행과 헤어져 친구와 둘이서 일정을 짜야 했어. 호텔부터 더 좋은 곳으로 옮겨야지, 생각하며 잠이 들었어.

인도 이레째. 새벽에 인디아 게이트를 찍고 싶어 하는 일행이 있어 일찍 일어났어. 델리에서는 그래도 너나없이 달려드는 오토릭샤들이 있느니 가격 흥정도 가능하지. 세 사람을 100루피(2500원)에 태우고 여기저기 가기로 했어. 새벽안개 때문에 시야가 가려 나는 한 치 앞도 보이지 않는데 나이 든 기사는 어찌 그리 운전을 잘하는지. 아무것도 보이지 않는데 여기가 인디아 게이트라며 릭샤를 세우더라. 달려오는 차들을 피해 길을 건너니 바리게이트 안쪽에 서 있던 경찰이 안 된다며 못 들어가게 하는 거야. 잠깐 사진만 찍겠다고 부탁해봤는데 인도인이라도 안 된대. 애당초 미인계는 안 되니 뇌물을 써 볼까 하고 가지고 있던 볼펜 다섯 자루를 주면서 애원하다시피 했지만 볼펜만 받고 들여보내주지 않았어(그래, 법을 어기면 안 되지).

차이나 한 잔 마실까 해서 릭샤로 돌아와 차이, 차이 외쳤더니 지독한 안개를 뚫고 보이지도 않는 길을 운전해 차이 파는 가게로 안내해줬어. 그 새벽 수돗가 한쪽에서 젊은이들은 찬물로 목욕을 하고, 다른 한편에는 차이를 마시려고 사람들이 줄을 서고. 앞이 안 보이니 뭔가 구경하러 다니는 것도 불가능할 것 같고, 호텔로 돌아가려니 한 시간에 100루피를 내기로 했는데 시간이 좀 남고……. 어떻게 해야 할까 고민하는데 기사가 '잔따르만따르' 를 외쳤어. 같이 따라 했는데 정신없이 웃으면서 보이지도 않는 곳을 가리키며 저기가 잔따르만따르라는 거야. 일행 가운데 한 사람이 큰 소리로 '잔따르만따르, 잔따르만따르' 외쳤더니 기사는 우리가 정말 좋아한다고 착각했는지 보이지도 않는 그곳으로 데려다 놓았어. 그 새벽에 해프닝이었지. 호텔 앞에 도착하자 한 시간이 넘었으니 150루피를 내라고 우겨대더라. 그냥 선심 썼지, 뭐.

아직 이른 시간이라 호텔 근처에 있는 카페를 찾아 또 차이 한 잔을 시켰어. 옆자리에는 불교에 심취해 불교국가를 찾아다닌다는 폴란드인 여행객이 있었어. 그는 폴란드도 정말 아름다운 나라라며 방문하면 언제든지 연락 달라고 메일 주소까지 적어줬어. 자기가 안내하겠다고. 아시아에서는 라오스와 캄보디아에 들러 사찰을 봤고 이제 카트만두로 간대. 우리는 한국의 사찰은 거의 산속에 있다, 언제 우리나라에 들르면 사찰 안내를 해 주겠다고 말했어. 꼭 방문하고 싶대. 그 여행객과 아쉬운 작별을 하면서 다음에는 폴란드에 갈까, 생각해봤어.

아침식사 후 인도의 전철을 타고 델리 시내로 갔어. 인도의 전

철은 상류층만 탄다고 하는데, 그래서인지 잘 정돈된 모습이 우리나라 전철과 별로 다를 바 없어. 망고를 사서 햇볕이 내리쬐는 잔디 위에서 먹고 코넛 플레이스를 걷다가 점심을 먹으러 갔어. 이제 우리도 폼 나는 음식, 비싼 음식을 먹어보자는 데 의견이 모아져 케밥을 먹으러 시내 중심가에 있는 아주 멋진 식당으로 갔어. 서비스가 좋아서 팁도 100루피나 주고. 식사를 한 뒤 우리가 묵고 있는 곳보다 나은 호텔을 찾아볼까 해서 호텔을 돌아다녔는데 거의 빠하르 간지와 비슷했어.

일행과 헤어질 시간이었어. 한국에서조차 만난 적 없는 이 사람들을 인도에서 만나 일주일을 같이 웃고 고생했지. 때로는 의견이 달라서 토론도 하고 그러다 어떤 동류의식을 느끼며 뿌듯해하기도 하고. 이렇게 여행에서 만나고 헤어지는 사람이 얼마나 많았던가, 살아가는 동안 다시 만날 수 있을 것인가, 생각하자 서글퍼졌어.

생각해 보면 여행지에서는 늘 누군가를 만나고 헤어지는 과정의 연속이었어. 이집트에서는 이런 일도 있었어. 현지가이드가 기차역까지 좇아 나와서 "진짜 갈려고 하느냐?" 고 물어서 나를 어리둥절하게 했지. 그 다음 말은,

"저기 택시가 있는데 우리의 궁전으로 가자."

당황했지만 농담으로 넘겨버렸어. 그런데 가이드가 사진을 달

라고 하더라. 이틀 동안 함께 지내며 이것저것 묻고 농담하면서 친근하게 군 게 화근이었나? 사진이 없다고 하자 자기 사진을 줘도 되겠냐고 묻더라. 그러라고 했더니 수첩에서 명함판 사진을 꺼내더니 뒷면에 'Your love' 라고 써서 내미는 거야. 기차시간은 시시각각 다가오는데 그의 눈빛이 내 기분을 얼마나 이상하게 했는지. 젊은 친구였는데.

나와 친구는 델리에서 이틀을 더 보내고 다른 일행 네 명은 인도의 네팔로 불리는 마날리에 가기로 했어. 한국에 돌아가면 서로의 카메라에 담긴 사진을 메일로 보내주기로 약속하고 헤어졌어.

친구와 나는 빠하르 간지보다 좀 나아보이는 호텔로 옮겼어. 그래도 친구는 크게 다른 게 없는 것 같다고 불만이었어. 다른 곳으로 가고 싶은 생각이 들어 프론트에 문의해 봤는데 선불은 절대 돌려줄 수 없다는 거야. 엘리베이터는 수동으로 문을 열어야 했어. 층수를 누르니까 승강기가 크게 덜컹거리는데 처음에는 얼마나 놀랐는지. 도저히 마음에 안 들어서 다시 한 번 "숙소를 바꿔야겠다, 선불을 돌려달라" 고 요구했더니 경찰을 부르겠다는 거야. 이런, 세상에.

객실도 사정은 다르지 않았어. 방을 네 개나 둘러본 끝에 골랐는데 변기 뚜껑이 고장이라 그 뚜껑을 몸으로 간신히 받치고 앉아 볼일을 봐야 했어. 샤워기는 쓸 수도 없어 대야에 물을 받아 샤

워를 했으니 호텔이라고 이름 붙이기도 민망하지. 호텔의 전체적인 분위기는 어두컴컴하고 그나마도 한 쪽은 수리가 한창이라 귀신이 나올 것처럼 음산했어. 밖에서 보면 간판이 넉넉한 게 꽤 괜찮은 호텔 같은데 안에 들어오니 이렇게 달라서 사람을 황당하게 만드네.

어쨌든 이미 들어온 곳이니 짐을 풀고 호텔 내에 있는 여행안내 사무실에서 스케줄을 짜기로 했어. 점심 때 갔던 고급레스토랑에서 팁을 준 덕분에 인도 가이드북 세 권을 얻었는데, 그 안에는 내가 해 보고 싶었던 마사지도 있고 델리 투어도 있었어. 시내 투어는 오전 아홉 시부터 저녁 다섯 시까지. 점심까지 포함된 것치고는 나쁘지 않은 가격이라 당장 전화를 걸어 예약을 했어. 다음날 아침에 호텔로 데리러 오겠대.

저녁에 과일을 사러 1층으로 내려갔는데 로비 한쪽에 여행사 간판을 건 사무실이 있더라. 그곳 직원이 우리에게 다가오더니 델리 투어 하겠느냐고 말을 건넸어. 이미 예약했다고 하니까 얼마에 했냐고 묻더라.

"1인당 25달러, 점심이 포함되어 있다."

"우리는 그보다 훨씬 싸게 해 주고 점심은 포함하지 않는다. 하지만 남는 돈이면 최고의 점심식사를 할 수 있다. 시간은 아침 아홉 시부터 오후 여섯 시까지로 하자."

"얼마에 할 수 있나?"

"1인당 15달러, 두 사람은 30달러, 영어할 줄 아는 가이드도 붙여주겠다. 남는 돈이면 진짜 맛있는 점심을 먹을 수 있다"

"예약했는데 어떻게 하나?"

"너무 피곤해서 다음 날로 미룬다고 해라."

나중에 들어보니 그보다 더 싼 조건도 가능하다고 말하는 사람들이 있던데, 그래도 그 정도면 괜찮지? 나는 몇 가지 조건을 더 제시했어. 델리 투어 다음날 학교를 방문하고 싶은데 가능하냐, 그리고 당신 집도 방문하고 싶은데 어떻게 생각하냐? 그는 학교는 아주 많으니 걱정할 것 없고 자기 집에 오는 것도 괜찮다고 했어.

낮에 일행들과 헤어지기 전에 먹은 점심은 저녁을 굶어도 무방할 정도로 포만감을 줬어. 인도의 물가를 생각했을 때는 비싼 식사였지만, 결국 팁 포함 1인당 1만 원 정도로 두 끼를 해결한 셈이야.

인도 여드레째.

오전 아홉 시 가이드와 기사가 우리를 데리고 투어를 시작했어. 가이드가 처음으로 데려간 곳은 힌두사원이었어. 인도의 모든 사원은 신발을 벗어야 해. 물론 카메라도 맡겨야지. 곳곳에 신상이 있었는데 가이드는 경건한 자세로 참배를 했어. 신은 저렇게 거대한 곳에 사는데 인간은 이렇게 비참하게 사는구나, 하는 생각이 들었어. 가이드의 설명에 따르면 레드포트는 무굴 황제 샤자한이 아그라로부터 수도를 옮기기 위해 만든 성으로 아그라 포트와 같은 곳이래. 그리고 간디 무덤을 볼 때 가이드가 한 말이 인상적이었어. "우리나라 사람에게 간디는 하나님이다."

사원을 나와 운전기사가 잘 안다는 성으로 갔어. 델리에서 20킬로미터쯤 떨어져 있는데 정말 크고 아름답다고. 보고 멋있으면 기사에게 팁을 주고 그렇게 않으면 안 줘도 된다는 말을 덧붙이더라. 힌두사원보다 큰 악소르다음사원. 하지만 타지마할의 감동을 잊지 못한 내게 그 사원은 그다지 멋있지 않았어. 게다가 요즈음은 그 모든 것을 기계로, 컴퓨터로 만들 수 있잖아. 게다가 그 사원이 아무리 웅장하다고 해도 사람을 위해 지은 것이 아니라 신을 위해 지은 것을……. 팁을 안 줬지만 가이드도 기사도 전혀 불평하지 않았어.

타지마할에 영향을 줬다는 무굴식 정원 와이유 툼을 보고 나자 허기가 밀려왔어. 배가 고프다고 했더니 VIP 식당으로 안내했어. 그 점심은 또 두 끼 역할을 확실히 했지만 또 비싼 점심을 먹은 거지. 식사를 한 뒤에는 인도에서 제일 비싼 백화점으로 안내했어. 가이드가 말하길, 여기서는 눈만 높이라고, 너무 비싸니까 절대 사지 말라고. 과연, 백화점이 아니라 무슨 박물관에 온 느낌이었어. 정말 가이드의 말대로 눈만 높아졌지 뭐야. 바깥에 있는 인도인들과는 달리 뭘 사라고 달라붙지도 않고, 사실 엄청난 가격을 부를 것 같아 우리도 감히 물어보지 못했어. 아마 그들도 등산 점퍼를 입은 우리가 물건을 살 사람이 아니라는 것을 눈치 챘나봐.

다음으로 연꽃 모양을 본떠 만들었다는 로터스 사원(바하이 예배당)에 갔어. 인디아 문은 1차 세계대전에서 전사한 9만 명의 인도병사 이름이 새겨진 42m 높이의 위령비야. 1921년 착공 후 10년 만에 완공했대. 그날이 일요일이라 주변에는 소풍 나온 가족들이 많았어. 전날 안개 낀 새벽, 바리게이트를 치고 지키던 인도 경찰은 차만 세워 놓았을 뿐 어디 있는지 알 수 없었어. 정말이지 그 스모그 현상은 어떻게 해 볼 수가 없을 지경이었어. 지구 환경의 주범이 인도라고 했던가? 대낮인데도 안개가 낀 것처럼 모든 풍경이 희미해 보였어.

시크사원에도 들렀어. 전날 호텔에서 이스라엘 다큐멘터리 기자를 만났는데 그가 적극적으로 추천했던 곳이야. 다시 신발을 벗고 카메라를 맡기고, 머리에 수건까지 쓰고 들어갔어. 알고 보니 머리에 두건을 두른 사람들은 모두 시크교도더라고. 계단을 한 칸 한 칸 어루만지며 합장, 또 합장. 가이드가 그들과 똑같이 합장을 했어. 내가 물었어.

"당신은 힌두교도가 아닌가?"

"그렇다."

"그런데 왜 여기서는 시크교도처럼 하는가?"

"나는 모든 신을 숭배한다."

사원을 나와 다시 백화점에 갔어. 델리에서 두 번째로 비싸다는 곳이야. 박물관 같은 그곳에서도 아이쇼핑만 했어. 세 번째 백화점에서는 가이드가 사도 괜찮다고 해서 스카프를 살까 했는데 영 흥정이 안 되더라고. 빈손으로 나왔더니 가이드가 묻더라.

"왜 못 샀냐?"

"내가 원하는 가격이 아니다."

"그럼 한 군데 더 가겠느냐?"

"그러자."

네 번째 백화점에서 우리는 아주 싼 값에 정말 많은 실크스카프를 구입했어. 한국에 와 지인들에게 선물했더니 모두 만족스러워했어.

그렇게 델리 시내를 돌고 호텔로 돌아왔을 때는 저녁 여섯 시였어. 친구에게 헤나(문신처럼 몸에 그리는 그림, 일주일만 지나면 지워져)를 하자고 했는데 영 관심 없어 하더라고. 그래도 인도 왔으니까 한 번 해 보자고 꼬드겼는데 안 통하더라. 결국 혼자라도 해 보려고 호텔에서 심부름 하는 아이를 데리고 빠하르 간지 시장으로 갔어. 나중에 알았는데 빠하르 간지는 중, 저급 숙소가 모인 곳이었어. 아주 작게 꽃무늬 하나를 새겼는데 250원이래. 데리고 간 아이가 반값으로 깎으라고 했지만 그러지 않았어.

인도 아흐레째.

오전 아홉시에 호텔에서 대여한 차를 타고 델리에서 30킬로미터 정도 떨어져 있는 가이드의 집과 그의 동네에 있는 학교를 방문하기로 했어. 가는 도중 열흘 가까이 인도에 있으면서 느낀 빈부 차이를 가이드에게 말했어.

"인도는 상류층이 20퍼센트, 중류층이 30퍼센트, 하류층이 50퍼센트인 것 같다."

그러자 가이드는 펄쩍 뛰면서 "아니다, 상류층이 50퍼센트, 중류층이 30퍼센트, 하류층이 20퍼센트다"라고 대답했어.

"그럼 당신은 어디에 속하나?"

"난 중류층이다."

"실례지만 한 달 수입이 얼마냐?"

그의 월급은 한화 30만 원 정도였어. 당신이 생각하는 상류층의 한 달 수입은 얼마나 되냐고 물었더니 100만 원 정도라고 생각한대.

그래, 전 세계에서 행복지수가 두 번째로 높은 나라가 인도라고 했지. 내 눈에 비친 그들의 삶은 고달파보였지만 그것은 외국인인 나의 시선일 뿐 그들은 우리보다 더 행복하게 살고 있는지 몰

라. 실제로 인도에서 만난 사람들 중 자기 처지를 비관하거나 걱정하는 사람은 없었어. 자기에게 주어진 생을 겸허하게 받아들이는 모습이었지. 짧은 시간이었지만 내가 본 인도인은 이런 사람들이었어. 받을 수 없으리란 것을 알면서도 너도 나도 함께 사진을 찍자고 하고, 찍은 뒤에는 디지털카메라 앞에 몰려들어 환호하고 즐거워하는. 이미 문명의 이기에 길들여진 내가 이곳에서 사는 건 자신 없는 일이야. 하지만 언젠가 다시 와보고 싶어. 와서 그들의 여유의 선량함을 배우고 나도 그들 같은 태도로 내 남은 생을 대하고 싶어.

"우리가 당신 집에 간다고 아내에게 이야기했나?"

"물론이다. 당신들을 환영한다고 했다."

"외국인이 당신 집을 방문한 적이 있나?"

"우리 동네에 외국인이 방문하는 것 자체가 처음이다."

이어서 그는 자기 집에 대해 설명했어.

"우리 집은 형의 가족과 우리 가족, 그리고 부모님이 함께 산다. 형은 아이가 둘이고 나는 아이가 셋이다. 아래층에 있는 방 세 개를 나눠서 쓴다. 위층과 옥탑은 세를 줬다. 그래도 우리 집은 굉장히 비싼 편이다. 정확하게는 부모님 집이다. 내 아내는 전문대학을 나와 영어를 잘한다."

자이푸르로 가는 길에는 과거 우리나라의 판자촌보다 더 낡은

▲ 인도의 초등학교 교실

집들이 즐비했어. 그 집들과 비교하니 가이드의 집은 과연 중류층이라 할 만 했어. 가족들이 반가워해서 우리도 기쁘고 고마웠어. 그 집에서 차이를 한 잔 마시고 학교로 갔어. 걸어서 3분이면 갈 수 있는 거리인데 온 가족이 다 따라나섰어.

우리가 간 곳은 공립학교였어. 교문 옆 벽에 페인트로 학교 이름을 쓴 것이 간판 대용이었어. 유치원생부터 5학년생까지 있고 교장선생님은 서른 밖에 안 된 젊은 분이었어. 게다가 이사장까지 겸하고 있대. 인도는 우리나라의 유치원처럼 돈만 있으면 누구나 학교를 세울 수 있어. 교장선생님은 의사였던 어머니가 돌아가신 뒤 이 학교를 차렸대. 교장실이라고 하기엔 방이 무척 비좁았는데, 벽 하나를 몽땅 차지할 만큼 큰 어머니 사진을 붙여놓았어. 교장선생님이 말하길, 자기는 이 나라에서 상류층에 속한대. 가이드가 그랬지. 자기 차 한 대만 있으면 얼마든지 돈을 벌 수 있다고. 그런데 그 선생님은 작은 자가용까지 가지고 있는 진짜 상류층이었어. 총 학생 수는 250명. 입구에 있는 게시판에 수업료를 안 낸 학생의 이름을 써 붙여놓은 게 특이했어.

"우리는 정부에서 교사 봉급을 주는데 여기는 누가 주는가?"

교장선생님은 깜짝 놀라며 자기가 준다고 대답했어.

"공립학교인데 정부는 뭘 하는가?"

"인도는 한 명이 죽으면 천 명이 태어나는 나라다. 그 많은 인구를 정부에서 일일이 관리할 수 없다."

"교사 고용은 어떻게 하는가?"

"내가 한다."

"고용 기준이 있는가?"

"나는 결혼한 사람은 고용하지 않는다. 오직 미혼만 된다. 결혼한 사람은 일이 너무 많다. 아이가 아프다고 조퇴하고 시집에 일이 있다고 조퇴한다. 그리고 밤새 아이를 돌보느라 피곤한지 학교에 와서는 일을 제대로 하지 않는다."

그 이야기를 듣고 많이 웃었어.

"나는 결혼했는데 학교에서 아무 문제도 없다."

하지만 우리는 더 이상 그 문제에 대해서 거론하지 않았어. 학교에서 일하는 할머니가 아주 정성스럽게 끓인 차이를 줬어(끓이는 데 정말 긴 시간이 걸렸어). 진짜 맛있고 고맙다고 했더니 온화한 얼굴에 미소를 띠며 맛있게 먹어줘서 오히려 고맙다는 얼굴을 했어. 교장선생님에게 한국에서 준비해 온 볼펜을 드렸어. 혹시 학교를 방문하게 되면 선물로 주려고 생각하고 있었거든.

"방문하게 해줘서 정말 고맙다."

"이게 다 얼마냐?"

인도 돈으로 환산해서 말해줬더니 "우린 살 수 없다"고 대답하는 거야. 순간 무슨 소리를 하는 건가 싶었지.

"이건 선물이다. 학교를 방문하게 되면 주려고 가져온 것이다. 교장선생님이 가져도 좋고 우수한 학생이나 착한 학생에게 선물로 줘도 좋겠다."

선생님은 고맙다는 말을 몇 번이나 했어.

수업참관은 허락하지 않았지만 사진 촬영은 괜찮다고 했어. 선생님들은 대부분 나이가 어린 여선생님들이었어. 낡고 컴컴한 교실은 오래 전 내가 공부했던 시골 교실을 생각나게 했어. 다른 점이 있다면 내가 다닌 학교는 운동장이 있었는데 여긴 운동장이 없어서 체육수업이 없다는 것 정도였지. 한 시간 가량 이야기했는데 뭔가 바쁜 일이 있다는 표정이라 약속이 있냐고 물었어.

“그렇다. 너무 미안하다, 벌써 30분이나 지났다”

우리도 남은 시간이 많지 않아 가겠다고 일어섰어. 바쁘다고 했지만, 그는 교문을 나설 때까지 손을 흔들며 우리를 배웅했어.

가이드의 집으로 돌아왔어. 가이드는 전날 새벽 두 시까지 공항에서 손님을 맞았더니 피곤하대. 일이 있어 호텔로 돌아가야 한다며 다녀와서 공항까지 데려다 주겠대. 동서지간인 아름다운 두 인도 여인들은 우리를 따뜻하게 대해줬어. 미간 사이에 둥근 스티커를 붙이고 있었는데 우리에게 그 스티커가 가득 든 종이를 주면서 가지래. 쓸모가 없을 것 같아 괜찮다고 했는데도 자기들을 생각해 달라면서 굳이 가방에 넣어줬어. 게다가 갈아입으라며 자기들이 입던 옷도 한 벌씩 주고 긴 스카프까지 건넸어. 그들의 친절 덕분에 우리는 차림새나마 인도 여인이 되었어. 그 모습으로 사진도 찍고.

다른 옷을 또 가져왔는데 바로 인도의 사리였어. 긴 천에 불과한 그것을 얼마나 멋있게 입혀줬는지 몰라. 아름다운 사리를 몸에 감고 양쪽 손목에 인도 팔찌를 일곱 개나 끼고 또 사진을 찍었어. 만약 이들이 우리나라에 온다 해도 나는 그들에게 입혀줄 한복을 가지고 있지 않아. 언제부터인지 한복은 특별한 날만 입는 불편한 옷이 된 것 같아. 게다가 유행을 많이 타서 조금만 지나면 입을 수 없고. 그러고 보니 우리가 방문했던 학교에서도 선생님들은 사리를 입고 있었어. 반드시 그렇게 해야 한대.

뱃살 걱정을 하며 어떻게 빼야 되냐고 묻기도 했어. 훌라후프를 돌리는 동작을 보여줬더니 그 모습이 재미있는지 웃으면서 따라하더라. 점심식사를 준비하는 동안 결혼 앨범을 보고 있으래. 앨범을 보고나자 인도 비디오를 보겠느냐, 뭐가 있는데 구경하겠느냐, 우리가 심심해하지 않도록 애쓰는 그들의 배려가 고마웠어. 정말 착한 사람들이야.

헤어지기 전 사리를 입혀준 것에 대해 감사인사를 했어.

"인도 여인처럼 차려줘서 고맙다."

"그 옷은 선물로 가지고 가라."

"정말 고맙지만 우린 한국에서 이 옷이 필요하지 않다."

"우리는 사리를 많이 가지고 있다. 우리가 한국에 갈 수 있는 날은 평생 없을 것이다. 그러니 그 옷을 볼 때마다 우리를 생각해 주면 좋겠다.

가슴이 찡하며 뭔가가 울컥 치미는 느낌이었어.

"미안하다. 이렇게 만나게 되리라곤 생각하지 못했기 때문에 선물을 가져오지 못했다. 대신 한국에 가면 보내주겠다. 가지고 싶은 것이 있으면 말해도 괜찮다."

그들은 망설이더니 조심스럽게 "시계를 가지고 싶다"고 말했어. 나는 한국에 가면 꼭 부쳐주겠다고 주소를 적어달라고 했어.

한국으로 돌아간 뒤 시계 두 개와 그 집 애들이 가지고 싶어 했던 풍선을 보냈어. 답장이 왔는데 얼마나 고마워하는지 나도 기분이 좋았어.

작별인사를 하고 공항으로 갔어. 이번 여행에서는 인도 북부에 위치한 네 개 도시를 돌았는데 겉만 보고 돌아가는 것 같아 아쉬움이 많이 남아. 언젠가 꼭 다시 오고 싶은 나라, 인도. 언제 또 올 수 있을까.

돌아오는 길, 싱가포르 공항. 작년에 뉴질랜드에 다녀올 때 2박 3일 일정으로 시내관광을 한 덕분인지 풍경이 꽤 눈에 익더라. 밀려오는 피곤에 눈을 뜨고 있는 것도 힘들었지만.

에필로그

토요일 1교시가 끝난 뒤 문자를 확인했어.

'오늘 점심 가능하남?'

'가능하지.'

'한 시 이태원 태국 음식점 어때?'

'퇴근시간 생각해서 조금 늦추자.'

'쇼핑하고 있을 테니까 신경 쓰지 말고 언니 편한 시간에 와.'

나를 언니라고 부르는 친구에게 오랜만에 연락이 왔어. 만난 지 2년쯤 되었을까. 퇴근 후 서둘러 택시를 타고 갔더니 음식점 문밖까지 나와서 기다리고 있었어.

"어떻게 지냈어?"

"그냥……. 서서 있다 앉아서 일하다, 그렇게 지냈어. 언니는?"

"잘 지냈어. 세월 참 빠르다."

"5분마다 아침 먹는 것 같아. 내가 쉰둘이야."

그렇게 시작한 우리 대화는 음식을 다 먹고, 포도주를 세 잔 마시고, 커피를 마실 때까지도 끝나지 않았어. 올해로 친구 된 지 20년째. 사실 그녀는 호주 사람이야. 하지만 그 유창한 한국어 실력을 보고 누가 그녀를 외국인이라 생각할까. 대학에서 영어 강의를 하고, 그녀의 이름으로 나온 영어책도 여섯 권이 넘어.

"학생들이 교수 평가했는데 나만 90퍼센트가 넘었어. 다른 교수들은 70퍼센트 정도였는데……. 근데 언니, 학생들한테 인기가 있으면 다른 교수들한테는 왕따 당할 수 있다. 그래도 괜찮아. 혼자 책 보고 노는 거 지루하지 않으니까. 그냥 학생들한테는 누나, 언니, 이모 그렇게 편한 관계가 되고 싶어. 그런데 어떤 교수가 나한테 충고하기를 그러면 안 된대. 지위가 올라갈수록 권위의식이 있어야 한다고. 그래야 학생들이 무시하지 않는다고. 그래서 한마디 했어. 백작 딸이라 지위는 더 이상 올라갈 필요가 없다고."

백작 딸이라는 말은 사실이야. 영국에 머물 때는 여왕이 처음 방 구할 때까지는 윈저 궁에 있으라고 해서 한 달 정도 그곳에서 지냈대. 태어나서 한국에 오기 전까지, 그녀가 종종 머물렀던 호주 캔버라의 집은 궁전만큼 컸대. 정원 끝에서 끝까지 걸어가려면 이틀은 걸린다고 했던가. 그녀의 아버지가 돌아가셨을 때는 모든 신문이 1면 톱으로 기사를 올렸고, 온 나라가 슬픔에 빠져 애도했대. 16개국 한국전쟁 참전 용사 대표직을 맡고 있었던 아버지는 한국 사람만큼 부지런한 사람이 없다고, 한국 사람을 받아들여야 호주가 발전한다고 최초로 한국이민자를 받아들인 분이기도 해.

3년 전 산호초를 보기 위해 호주 케인즈를 방문했을 때, 호텔 직원들이 노골적으로 동양인을 무시해서 무척 속상했어.

"얼마나 기분 나빴는지 몰라. 호주 사람이 너무 싫어서 그때 비행기에서 만난 정신과 의사 선생님, 배에서 만난 고등학교 선생님, 메일 하자고 했는데 아무에게도 연락 안했어."

"나도 알아, 언니. 그런데 누구한테 당했으면 그 사람한테 당한 거지. 그 사람이 나라를 대표하는 것도 아니잖아. 가끔 한국에서 나 보고 그래. 외국 사람은 짜게 안 먹는다면서요? 외국 사람은 빵만 먹는다면서요? 그러면 나는 그렇게 대답해. 저는 210개국을 대표하는 사람이 아니에요. 외국이 다 똑같은 외국인가요? 외국 어느 나라요? 이탈리아? 프랑스? 이스라엘? 난 그냥 나일뿐이에요, 라고. 나 지금 사는 동네 사람들이 그런 말을 많이 해. 한국에서는 어떻게 해야 해요, 한국에서는 이렇게 하는 거예요……, 그런 말들. 예를 들면 우리 집에 와서 내가 인테리어 해 놓은 것 보고 그래. 한국에서는 이렇게 인테리어 안 하는데요. 하지만 그 사람들이 알고 있는 건 자기 집, 자기 동네지 한국 전체는 아니거든. 그리고 요즘은 자기가 원하는 방향으로 인테리어 하잖아, 한국 사람들도. 어떻게 해야 한다는 법 같은 거 없잖아. 그렇게 보면 그 동네 사람들이 안 하는 것뿐인데 항상 그렇게 말해. 한국에서는 이렇게 안 한다고."

나도 그녀의 집에 간 적이 있어. 박물관을 방불케 하는 엄청난 숫자의 앤티크 물건들, 할머니가 물려주셨다는 200년 된 영국 은 제주전자. 그리고 취미로 모으는 미술품들, 청동화로, 그리고 방대한 양의 책들. 그녀의 집만 봐도 주인이 어떤 사람인지 짐작할 수 있을 거야.

"언니한테 그렇게 한 호주 사람, 그 사람이 문제지 호주 전체가 그런 건 아니야."

"그래, 맞아. 내가 괜히 소심하게 꽤 오랫동안 속상해했지."

호주에 갔다가 인천공항에 내렸는데 우리나라를 방문한 외국 축구선수들이 있었어. 그런데 공항 직원들이 우리보다 가난한 나라에서 온 그들을 따로 세워놓고 철저하게 검사하고 있는 거야. 그들의 우수 어린 눈빛은 약자의 아픔을 담고 있는 듯했어. 우리나라에서 일하는 노동자들만 해도 그래. 그들을 대하는 우리의 태도에 대해 다시 생각해봐야 해. 우리 세대의 한국인들이 독일의 광부로, 간호사로 일하며 얼마나 힘들게 돈을 벌었는지 되새겨야지. 그리고 그런 어려움을 겪은 우리가 조금 잘 살게 되었다는 오만함으로 그들을 무시하고 있다는 것을 반성해야지.

30년 전인가. 대학을 졸업하던 해의 일이야. 여행이라는 단어가 지금처럼 일반적이지 않았던 그때, 친구 다섯 명과 전국 순회를 했어. 부모님들께 돌아가며 사정사정해서 어렵게 떠난 여행길이었지. 계룡산을 넘으며 우리 또래의 대학생을 하나 만났는데 그가 '신판 토끼와 거북이 이야기'를 해줬어. 그 이야기는 오랫동안 우리 가슴에 남았지.

토끼가 생각하니까 자기 조상이 경주를 하다 잠만 안 잤어도 후세에 남을 수모를 겪지 않았을 텐데 싶은 거야. 그래서 다시 경주를 해서 토끼가 게으르다는 인식을 없애자 결심했지. 토끼는 거북이를 찾아가 말했어.

"우리 다시 경주를 해 보자."

그날부터 거북이는 잠도 자지 못하고 밥도 먹지 못했어. 토끼가 자지 않으면 지게 되니 그럴 수밖에. 조상이 남긴 업적을 자기가 무너뜨리면 죽은 뒤 무슨 낯으로 조상 얼굴을 뵙겠어. 고민에 빠진 거북이를 보고 거북이 아내가 왜 그러냐고 물었어. 거북이는 토끼와 경주를 하게 되었다고 이야기하며 이제 조상을 뵐 낯이 없다고 했어.

그 사이 신문과 방송은 일제히 토끼와 거북이의 경주를 보도했어. '동대문에서 남산까지 역사적인 토끼와 거북이의 경주가 다시 이어진다.' 드디어 경주 당일, 이 역사적인 순간을 함께 하기 위해 수많은 시민들이 도로를 가득 메웠어. 출발신호와 함께 경주가 시작되고 토끼는 있는 힘을 다해 달리기 시작했지. 막 코너를 도는데 갑자기 경찰이 토끼를 세웠어.

"속도위반입니다."

토끼는 반발했어.

"아니, 당신은 신문도 안 봅니까? 뉴스도 안 봤어요? 이 경주가 얼마나 중대한 경주인지 모른단 말입니까?"

하지만 경찰은 막무가내였어.

"난 그런 거 모릅니다. 일단 경찰서에 가서 조서부터 꾸며야 합니다."

토끼는 생각했어. 거북이가 워낙 느리니까 얼른 조서를 꾸며서 이 일을 마무리하고 다시 달리자. 경찰서에 갔는데 그날따라 범죄자들이 가득한 거야. 빨리 해 달라고 사정해 봤지만 그럴 수 없다고 하고……. 오랜 시간을 기다려 토끼의 순서가 돌아왔어.

"주소는?"

"강남구."

"이름은?"

"김토끼."

"여기 온 이유는?"

"……."

한참을 지체하고 경찰서를 나와 토끼는 남산을 향해 다시 전속력으로 달렸어. 막 결승점을 지나려는데 하늘에서 호외가 떨어지는 거야.

'역사적인 경주, 거북이 다시 승리.'

거북이는 과연 어떻게 이겼을까. 진실은 간단해. 거북이 부인이 경찰한테 뇌물을 주고 매수한 거야. 나쁘게 말하면 권모술수랄까, 좋게 말하면 명예를 지키기 위해 머리를 썼다고 해야 할지도.

어느 목사님 말씀, 만약 우리가 죽었을 때 신이 없다면 할 수 없다. 그런데 있다면 어떻게 하겠는가. 어느 신부님은 강론을 하다 불쑥 말씀하시길, 만약 신이 없다면 이 일에 평생을 바친 나는 뭐여?

내가 하고 싶은 말은 그런 거야. 만약 교육에 빛이 없다면, 그리고 끈기 있는 기다림이 없다면 우린 왜 이렇게 긴 투자를 해야 하는가. 세상에 하루아침에 이루어지는 일이 어디 있겠니.

우리는 우리만 눈부신 발전을 해왔다고 생각하는지 몰라. 1948년에 독립한 이스라엘은 분야별로 노벨상 수상자만 해도 150명에 이르러. 교육이라는 이름 아래 어린 시절을 빼앗겨온 우리인데 왜 수많은 노벨상 수상자를 배출하지 못하지?

내 생각은 그래. 바른 정신없이, 진정 의미 있는 교육이 무엇인지 생각해 보지 않고 하루아침에 이루어내려는 데 급급해 있어서 그렇다고. 수능이 인생의 전부인 것처럼 가르치는 나라. 하지만 진정한 공부는 수능 뒤에 있지 않아. 공부가 뭔지 깨닫는 것, 아는 기쁨이 무엇인지 깨닫는 것, 정말 중요한 건 그런 게 아닐까?

큰 아이가 고3 때 그런 말을 했어.

"엄마, 산에는 산삼이 있고 바다에는 해삼이 있고 육지에는 고삼이 있대."

그냥 농담 삼아 하는 말이려니 했어. 입시 스트레스 같은 거 부려본 적 없는 아이니까. 깨워달라는 말 한 마디 한 적 없는 아이니까. 아니 깨워달라고 했어도 내가 깨워주지 않았을 거야. 아이가 시험을 앞두고 3일 밤을 새울 때도 엄마인 나는 까맣게 모르고 잠만 잤으니까. 그런데 대학 입학 후에 그런 말을 하더라.

"엄마, 난 내가 고3이라고 엄마 괴롭히면 그 벌로 수능 점수 적게 나올까봐 못 그랬어."

그래, 저도 속으로는 스트레스가 컸던 거지. 대학원을 졸업한 지금도 도서관에서 늦게까지 공부하는 아이를 보면 안쓰럽기도 기특하기도 해. 우리 세대 어른들은 요즘 아이들처럼 지겹게 입시공부하지 않고 여기까지 왔으면서, 왜 그렇게 아이들을 닦달할까. 숨 쉴 기회조차 주지 않으려 할까. 그래도 진정한 사랑이 동반된 교육이라면, 아이들도 그렇게 갑갑해하지 않을 텐데. 오늘도 인터넷에는 교사의 이야기는 올라가고 그 밑으로 헤아릴 수 없이 많은 댓글이 달린다.